中東民衆革命の真実

田原 牧
Tahara Maki

a pilot of wisdom

目次

二月十一日、ついに革命は成就する
当事者たちでさえ予想しえなかった
連綿と続いてきた民衆の蜂起や治安部隊の叛乱
忍耐強いというエジプト人の特性
読み違いはどこで起きたのか
迷う余地なし。いざ現地へ

第三章　旧世代の憂鬱

「観光目的」でカイロへ
メディアが伝えない「声なき声」
まばらに起きた拍手
「あいつらは本当にエジプト人か」
世代によって分かれるムバーラクの評価
三十年という長い統治
ムバーラクの功績と最後の十年
旧世代が抱く違和感

若者たちとのすれ違い
国際情勢よりも身近な問題こそが大切
エジプトの「ぬるい独裁」
世代の断絶がもたらした奇跡

第四章　タハリール共和国

村祭りと化したタハリール広場
非日常的空間
痴漢もスリも横入りもなし
道徳改善運動の拡大
一堂に会した多種多様な人々
英雄も指導者も不在という事実
日和見主義には迎合しない
起爆剤となったフェイスブック
ＩＴ化で開かれた「世界」
旧世代のアラブ標準、新世代の世界標準

第九章　不可視の船出

はじめに

明日は明日の風が吹く、と日々をやりすごしてきたけれど、風どころか雨、ともすれば槍《やり》さえ降ってきそうな時代にいま、私たちは生きている。

二〇一一年二月十一日、アラブの大国エジプトで「革命」が成功した。三十年間にわたってこの国を統治してきたムバーラク政権が民衆のデモによって倒された。

それからちょうど一カ月後の三月十一日、東日本大震災が発生し、被災した東京電力福島第一原子力発電所が暴走を始めた。

エジプトの「革命」の直前に同じアラブ諸国の一つ、チュニジアで独裁体制が打倒されてはいた。しかし、盤石《ばんじやく》とみられていたムバーラク政権が青年たちの始めた非武装のデモで倒されることなど、大半の地域研究者にとって予想すらしないことだった。この「革命」についての評価がいまだに定まりにくいことも、予期しなかった事実への驚きが根底にあるからだろう。

原発の暴走は、これまで原発の危険性を指摘してきた人たちにとっては「想定内」の事態だった。とはいえ、それでもあくまで机上の想定や遠い国での事例を引いてのことであったろう。四基の原発で手に負えない事態が発生するという現実を目の当たりにして、私たちは否応なく人類の未曾有《みぞう》の難局に向き合わされてしまった。

後に世界史に記されるであろう二つの予想を超えた事件によって、私たちは日常の虚構を認識する間もなく、混沌に投げ出されている。未曾有の原発事故が起きるや、危ないと思われがちなエジプトやイラクの現地から、知人や友人たちが「こっちに逃げてこい」とメールをくれた。いま、日本社会も日本人たちも、奇《く》しくもアラブ人たちと同様、好まざるとも非日常に対峙《たいじ》させられている。

渦中においては漠然としか感じられない時代の画期に直面したとき、ある人たちは従来からの教条にしがみつき、またある人たちは現実に刮目《かつもく》しつつ、論理の再構築といういばらの道に進む。いずれにせよ、そこで試されるのは個々人がこれまでの生存の過程で宿してきた精神性なのだろう。

定番の問答の暗記からは、指針を見いだせない時代が到来している。そうであるのなら、答えがあるのか否かさえ分からない問いについて、考え続けるという蛮勇に心惹《ひ》かれてみたい。

本書は二〇一一年前半に起きた二つの世界史的な事件のうち、エジプト「革命」の断片を拾った記録である。この四半世紀、筆者は中東、イスラーム圏に心を寄せてきた。にもかかわらず、このエジプトでの叛乱《はんらん》に慌てふためいた凡庸な記者である。革命の終盤にかつて暮らしたカイロに駆けつけ、幸いにもその一幕を垣間見ることができた。

思考の土台は事実にある。不可視の時代を切り開こうという勇気ある人たちの精神的営為に、この拙《つたな》い記録がわずかながらにでも参考になれば、それは記録者である凡俗の徒にとって望外の幸せである。

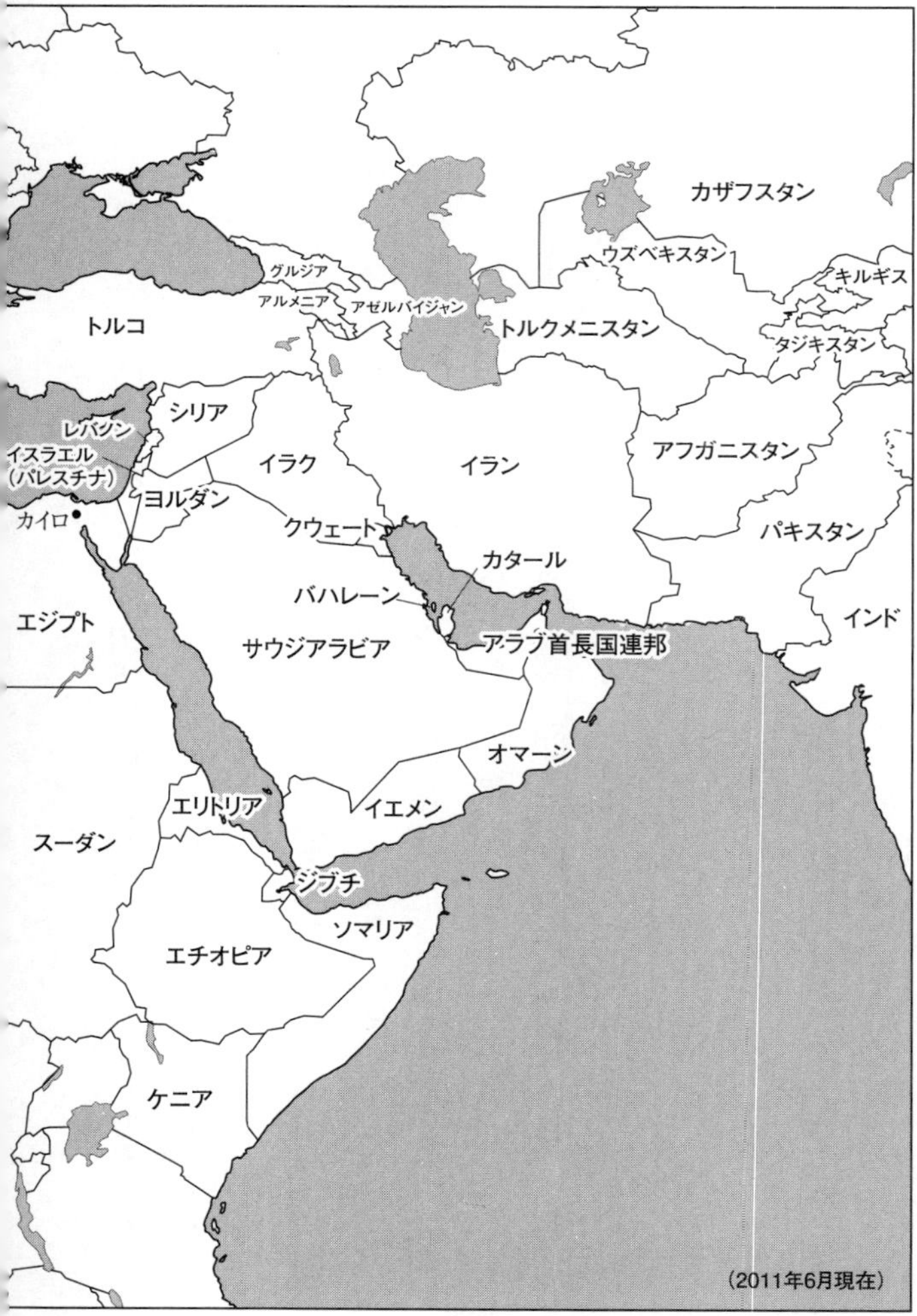
カザフスタン
ウズベキスタン
キルギス
グルジア
アルメニア
アゼルバイジャン
トルクメニスタン
タジキスタン
トルコ
シリア
レバノン
イスラエル
(パレスチナ)
イラク
イラン
アフガニスタン
ヨルダン
カイロ
クウェート
パキスタン
カタール
バハレーン
インド
エジプト
サウジアラビア
アラブ首長国連邦
オマーン
エリトリア
イエメン
スーダン
ジブチ
ソマリア
エチオピア
ケニア
(2011年6月現在)

ボスニア・
ヘルツェゴビナ
セルビア
ブルガリア
ギリシア
チュニジア
モロッコ
アルジェリア
リビア
西サハラ
モーリタニア
マリ
ニジェール
チャド
セネガル
ナイジェリア
中東の国々と周辺国

第一章　静かな興奮

緊張と興奮

土ぼこりにまみれた猫が路地を横切っていった。二〇一一年二月十二日朝、エジプトの首都カイロのザマーレク地区。雑貨店の店主は少しけだるそうに店のシャッターを開け、どこかの国の大使館の前では警備員たちが石油缶の焚《た》き火《び》にやかんをかけ、お茶をたてている。

古い五階建てビルの入り口では、この国の南部に多い黒い肌をしたヌビア人の門番（バワーブ）がぼんやり座っている。このビルには、筆者が十数年前に常駐していた新聞社（中日新聞・東京新聞）のカイロ支局がいまもある。門番は遠くから筆者の姿を認めると、当時と同じようにもごもごと何やら言って腕を上げた。

七月二十六日通りに出ると、ここ数日、見かけなかった警官が交通整理をしていた。車修理のガレージでは、板金屋が何かを叩《たた》いている。軽食屋の店先では、男たちがたぶんフール（干しそら豆の煮込み）入りだろう、ぼろ雑巾のようなアエーシ（パン）を立って食べている。この国では、定番の朝食だ。

その隣の肉屋では、子どもの店員たちが張り切って店先をデッキブラシでこすっている。路上の野菜売りはどこからか隠してあった空き箱を持ち出してきて、そこにタマネギやトマトを並べ始めた。

カイロの街はその日も、何ごとかと訝《いぶか》るほどの車のクラクションと人々の喧噪《けんそう》に包まれ始めていた。ほこりと土と機械油の匂いに染まった風景。筆者がこの街に暮らしていた当時から何一つ変わっていない。きっと、ずっと前から同じなのだろう。

でも、その朝は微《かす》かに空気が変わっていた。ガソリンスタンドの青年たちが、車を誘導しながら走り回っている。その表情がいつもよりやや引き締まって見えたのは気のせいだろうか。いつもと同じような風景のなかで、それでも誰もが少しだけ緊張し、興奮しているように見えた。

叫び続ける青年たち

この国で前日の夕方、革命が成し遂げられた。巨万のデモ隊の叫びに押されて、この国を三十年間統治してきた大統領、ムハンマド・ホスニー・ムバーラクが退陣を表明した。

一九八一年に五十三歳の働き盛りで大統領に就任した男も、カイロを家族と脱出したときには八十二歳になっていた。

そのとき、筆者はカイロの中心部、タハリール（解放）広場に近い国営テレビ局前にいた。タハリールという名称は、一九五二年にいまもこの国の英雄であるガマール・アブドゥ・ル＝ナーセル（後に大統領）ら軍の青年将校たち（自由将校団）がクーデターを起こし、ファルーク王政を打倒したことに因んでいる。

「アル＝ジーシュ・ワ・アッ＝シャアブ・イドゥ・ワーヘダ（軍と人民は一つの力だ）！」

そこでは数千人の青年たちが太鼓で音頭をとりながら、シュプレヒコールを繰り返していた。

国営テレビ局は二車線の道路を挟んで、ナイル川に面している。川岸の歩道は普段ならデートスポットだ。道路は戦車や工事用のフェンスで封鎖されていたが、護岸とのわずかな隙間《すきま》を潜って、人々は集まってきていた。隙間の手前では、デモ隊の青年たちが暴漢が紛れ込まないようにと、入る人たちの身分証をチェックしていた。

建物の前には何台もの装甲車が置かれ、手前に張られた鉄条網の向こう側に自動小銃を手にした兵士たちが一列に並ぶ。青年たちは懸命に兵士たちに語りかけているが、兵士たちはおおむね無言だ。ときおり、人波に押されて鉄条網が揺れる。だが、お互い手を出すことはなかった。

前線の青年たちは叫び続けている。それでも、建物と逆方向のナイル川護岸には、何人もが疲れて寝そべっていた。二月はカイロも冬だが、昼間の日差しは柔らかい。もう何日もこの抗議行動に通っているのだろう。対峙線から離れて見回すと、エジプト国旗や横断幕、風刺漫画入りのプラカードを手に行き交う人たちがいる。国旗の小旗を一本五エジプトポンド（約七十円）で、テキ屋のような男たちが売り歩いている。

「ムバーラクが辞めたぞ」

天気がいい。冬には雨が多いといわれているが、日本とは比較にならない程度だ。およそ、毎日が晴天なのだ。世界が注目する叛乱の最前線という緊張感とはまるで遠く、日向ぼっこをしている気分だった。

午後六時すぎ、日が傾きかけていた。もうすぐ、日没の礼拝（マグレブ）の時刻になる。

突然、少年たちの一群が「アッラーフ・アクバル（神は偉大なり）」と叫びながら、筆者の後方を走り抜けていった。「また子どもたちが浮かれている」と、その瞬間は気にもとめなかった。だが、近くのジャケットを着た白髪の老人が食い入るように携帯電話を見つめている。気がつくと、周囲は静寂に包まれていた。

老人と目が合った。「どうかしたのですか」と話しかけた。「知っているか」と言う。えっ、と聞き返す。「ムバーラクが辞めたぞ」

出立ちからはイスラーム主義者とは対極のオールド左翼風にみえる老人はそう告げると、肩を外しそうな勢いで腕を振り上げ、声を絞り出した。「アッラーフ・アクバル」。そのまま、ふらふらと歩き出した。

斜め前の青年は跪《ひざまず》いて額を路面にこすりつけ、祈りを捧げている。やがて、あちこちでどよめきが起き、それはすぐさま大きな歓声に変わった。「ムバーラクが辞任した」。にわかに信じられない。でも、あちこちで旗が振られる。人々が抱き合っている。

一人の青年が興奮してアラビア語を話せるか、と言いながら寄ってきた。思わず「ワッラーヒ・アジーム。アリフ・マブルーク（本当に偉大なことだ。たいへんおめでとう）」と場に合わせた台詞《せりふ》で返事をした。でも、内心は戸惑っていた。見知らぬ人々が次々と握手を求めてくる。

周囲を見渡すと、戦車の上から、あるいは鉄条網を越えて、兵士たちと青年たちが握手を交わしている。皆、笑顔だ。本当なのだ。青年たちの一群が「ホスニー・バッラ！　マスル・ホッラ！（ムバーラクは外だ。エジプトは自由だ）」と声を合わせ、輪になって踊っている。

こんなに屈託のないエジプト人をかつて見たことがなかった。北部のアレキサンドリア（イスカンダリーヤ）から弟と二週間前に来て、タハリール広場に寝泊まりしているという学生のハーリド・アフマド（二十三歳）が話しかけてきた。最後に「この放送局も明日から、われわれのフリーダム・メディアになる」と国営テレビ局を指さした。「フリーダム・メディア」という部分だけは英語だった。国営テレビはデモの初期段階から事実に反して「カイロ市内は平静」「外国人のスパイに注意しよう」と繰り返し、青年たちの憎悪の的になっていた。

後から聞けば、歓喜の声が上がった数分前、国営テレビでは全権をすでに委《ゆだ》ねられていた副大統領のオマル・マフムード・スレイマーンが緊急声明を発表していた。

「神の名において。いまも市民が危急存亡の状況に置かれていることを鑑《かんが》み、ムバーラク大統領は共和国大統領の職を辞し、全権を軍最高評議会（陸、海、空、防空の四軍の統合会議）に移譲することを決定した」

拍子抜けするほど、手短な声明だったようだ。

この一時間ほど前には、すでにムバーラク辞任の兆候があった。この日、タハリール広場から北東十数キロのヘリオポリス地区のウルーバ宮殿（大統領官邸）前には数万人の青年、市民たちが集まっていた。

そこでは午後五時ごろ、それまで群集に向けられていた戦車の砲身が突然、横に向けられ、兵士たちがデモの犠牲者たちの遺影を戦車の上に並べ始めていたという。これも後に報じられたことだが、この日の昼すぎには、ムバーラクは家族ともども、カイロからシナイ半島先端の保養地シャルム・アッ＝シェイフに向かっていた。文字通りの都落ちだった。

カイロの街は眠らなかった

テレビ局前の人々の奔流は、ゆっくりタハリール広場に向かっていった。広場は九本ほどの周囲の道とつながっている。そこかしこでお祝いの車のクラクションが鳴り響く。足元を見ると、道路はその九日前のムバーラク支持派との攻防で、投石用に砕かれた石がごろごろしていた。しかし、石による足元の悪さなど気にしないかのように、あらゆる方向から人々が広場に流れ込んできていた。

広場の人いきれに辟易《へきえき》して、隅に逃れた。そこには地方から訪れている人々のテント村があった。腰を下ろすと、南部から来たという人が、そっとテントの中から紙コップで紅茶を手渡してくれた。「日本から来てくれたのか。ありがとう。そのうち、この国も日本のような大国になれるかな」と笑顔を向けてきた。子どももいた。「イチ・ニ・サン・シ」と日本語を口にする。空手を習っているのだという。

午後八時、広場の上空に花火が上がった。人はますます増え続け、もはや日本の通勤ラッシュ並みになっていた。広い広場なのにどこにも地面が見えない。よく圧死者が出なかったものだと思うほどだった。

人波を前の人の肩に手を置いて列になった青年たちが通り抜けていく。肩車された子どもたちが国旗を振る。いくつもの演台で、アジテーションや演奏が繰り返されている。はい出るように広場から抜け出たが、つながっている路上にも広場から人々があふれかえっていた。

人波をかき分けて、泳ぐように広場から遠ざかろうとすると、電器屋の店先が人だかりになっていた。電器屋がコードを店の前に引いて、無料で携帯電話の充電サービスをしていた。皆、広場の写真を撮っては誰かに送っているのだ。小さな路地にはいつの間にか、不測の事態に備えて、即席の自警団の男たちが路地を封鎖し、人々を誘導していた。

その近くには白いハッジ（巡礼）の帽子を被《かぶ》り、普段はお祭り騒ぎとは縁遠いであろうアズハル（カイロにあるイスラーム・スンナ派の最高学府）の学生たちがおどおどしながらたむろしていた。どういう気分かと聞くと、おもむろに「三十年間の暗黒が晴れたのだ。すべてはアッラーフ（神）のご意思だ」と、彼らの身分そのままの坊さんのような答えが返ってきた。

ホテルに戻るには、広場を逆方向に横切らねばならない。離れたところから、タクシーに乗り込むが、遠回りしようにも車は人波でまったく動かない。結局、人々の流れに逆らって小一時間ホテルまで歩くしかなかった。時計は午後十時を回っていた。しかし、人はまだまだ増え続けていた。

この夜、カイロの街は眠らなかった。夜通し、にわか暴走族のような青年たちが、あちこちで車に「箱乗り」しては国旗を振って走り回っていた。帰路、軍のレクリエーション施設の前を通りがかると、兵士らが玄関先に立っていた。手を振ると、少し微笑《ほほえ》んで振り返した。

ホテル近くのコシュク（キオスクのような雑貨屋）の前では、インテリ風の青年が難しい顔をして、たったひとりでノートに何かを書き込んでいた。詩作にでもふけっていたのだろうか。深夜、どこかで銃声も聞こえた。祝砲のようだった。

アラブ世界の中枢・エジプト

紀元前三〇〇〇年のエジプト初期王朝は世界文明の発祥の地の一つであり、以来今日までエジプトは、アラブ世界の大国である。人口は二〇一〇年の国連統計では、約八千四百万人。実際にはもっといるだろう。二十四歳以下の人口が半数を超える。人口はアラブ諸国（アラビア語を母国語とする国々）では最大だ。

ただ、庶民の暮らしは豊かではない。「難民」であるパレスチナ自治区の住民たちと比べても、一般にカイロの下町の住民たちの方が質素に暮らしている印象がある。同じアラブでもお金持ちの産油国では、教職をはじめ、多くのエジプト人出稼ぎ労働者たちが働いている。彼らは産油国の成金たちが、そうした出稼ぎの自分たちを見下していることも知っている。

しかし、エジプトがアラブ随一の大国であることは間違いない。人口だけではない。歴史や政治、文化の重みがある。カイロはマムルーク朝（一二五〇～一五一七）以来、イラクのバグダードに代わるイスラーム世界の中心地として栄えてきた。その地位は今日も揺るぎない。

現代でも、一九五〇～六〇年代にナーセルが牽引《けんいん》したアラブ民族主義運動は当時、世界を席巻《せっけん》した非同盟運動の中核だった。スエズ運河の国有化宣言（一九五六年）に伴う第二次中東戦争での政治的勝利は、地域のナーセル信仰を高めた。

その当時、アラブ各地ではナーセルの演説を伝えるカイロ放送を聞こうと、人々はラジオにかじりついていたという。そうした青年の一人に、後に隣国リビアで革命を起こし、最高指導者となったカダフィー(ムアンマル・アル=カッザーフィー)がいた。

一九四八年のイスラエル建国をめぐる第一次中東戦争から、一九七三年の第四次中東戦争までイスラエルとアラブの四回にわたる戦争では、エジプトは常にアラブ側の主軸だった。そのイスラエルとの和平に最初に踏み切ったのもまた、エジプトだった。

芸能を含む文化・教育面でも、カイロは長くアラブ世界の発信地である。自伝的長編『バイナル・カスライン』などで庶民の暮らしを丹念に描いたエジプト人作家、ナギーブ・マフフーズ(一九一一〜二〇〇六)はアラブ諸国で初めてのノーベル文学賞受賞者だった。つい最近までアラブ諸国のどこででも、テレビドラマは「エジプト産」だった。

宗教面では、マッカ、マディーナのイスラーム二大聖地を抱えるスンナ派教宣国家のサウジアラビアに対し、エジプトはイスラーム・スンナ派の最高学府であるアズハル(九八八年開設)を擁し、現在もイスラーム圏の各地から訪れる多くのイスラーム法学者の卵たちが、この学舎で学んでいる。

二〇一一年二月十一日。そうしたアラブの大国の五千年にも及ぶ歴史のなかで、民衆が初めて自らの手で為政者を倒した。

エジプト人に何が起きたか

翌朝、道端でエジプトを代表する日刊紙『アル＝アハラーム（ピラミッドの複数形）』を買った。国民には御用新聞として知られている。「ご機嫌いかが」の返礼に「ザイ・アハラーム（アハラームみたいなもの）」という表現すらある。何も重要なことはなかった（報じなかった）という意味だ。

一面に「人民が体制を打倒する」という大見出しが躍っている。警官の横暴に憤る青年たちのデモが始まった一月二十五日の翌朝、「各地で警察に感謝している市民たちと警官たちが、チョコレートとバラを贈り合った」と書いていた同じ新聞が、である。おそらく、日本の一九四五年八月十五日（太平洋戦争の敗戦）の翌日も、こんな風だったのだろう。同じ記者として、アハラームの記者たちの心情を慮《おもんぱか》った。

革命後、政府に提出された事実調査委員会作成の報告書によると、十八日間のデモ参加者の犠牲者は八百四十六人。このなかには、十歳の子どももいた。

ムバーラク退陣の翌朝、街を歩きながら、この大国での革命の衝撃波の大きさを考えていた。ナーセルの革命がそうであったように、この衝撃は他のアラブ諸国にも確実に波及するだろう。実際、この直後から隣国のリビアでは、四十余年のカダフィー独裁に対する武装叛乱が始まった。

エジプトという要石《かなめいし》によって成り立っていた中東和平にも、影響は避けられないだろう。イスラエルとその後見人である米国は、緊張して事態の推移を見守っていた。中東は依然、世界の火薬庫である。米国の世界戦略にも打撃を与えるだろう。

でも、そうしたことより、いったい何がこの革命を導いたのかに当惑していた。筆者の関心事は世界がどうなるかではなく、エジプト人たちに何が起きたのかだった。

寝不足気味な顔をした人々が、道沿いのアホワ（茶房）にたむろし、シーシャ（水パイプ）をくゆらしながら議論していた。いつもより人が多そうだ。昨晩の喧噪で疲れているのか、少しぼんやりしている。それでも、目には緊張が宿っているように見えた。誰の心にも解放感とともに、未来への不安がよぎっていた。

別の猫を見かけた。日本の猫に比べて、エジプトの猫は顔が険しい。まさか、猫まで今朝は緊張しているのだろうか。分からないことだらけだった。知るには現場に身を置くしかない。足は再びタハリール広場に向かっていた。

第二章　予測を超えた展開

見事に外れた筆者の「予想」

エジプトで「一月二十五日革命」が始まったころ、筆者にはエジプトへ渡航するつもりなど欠片《かけら》もなかった。

この国で一九九五年から二〇〇〇年まで暮らした。友人たちもいる。少しはなじみのある国だ。今回のデモもちょっと大がかりな騒ぎだが、早晩、沈静化するに違いないと思っていた。

一月二十五日はデモが始まった日で、地元メディアでは「一月二十五日革命」の名称をよく使っている。「民衆革命」「青年革命」などの呼称もあるようだ。この政変が「革命」に値するか否かについて論議があることは知っている。しかし、ここではエジプト現地の呼称に従いたい。

この日から十八日間デモが続き、ムバーラク政権は倒れた。その間、しばしば勤め先の新聞社の同僚たちから「いま起きていることは『ジャスミン革命』のエジプト版か」と尋ねられた。わずか半月ほど前、同じ北アフリカのアラブ諸国の一つ、チュニジアでは、二

エジプト「1月25日革命」の経緯

2011年 1月14日	チュニジアのベン = アリー大統領が国外脱出し、政権崩壊（ジャスミン革命）
17日	カイロの人民議会前で男性が焼身自殺を試みる
18日	カイロとアレキサンドリアで2件の焼身自殺、男性1人死亡
25日	各地で大規模な反政府デモ。「1月25日革命」始まる。スエズでデモ参加者2人、カイロで警官1人死亡
26日	内務省がデモ禁止令。カイロ中心部で数千人が禁止令を無視し、抗議行動を展開
27日	治安部隊はカイロ中心部に展開。オバマ米大統領、当局とデモ隊の双方に自制呼びかけ
28日	金曜礼拝後に各地でデモが拡大。全土で38人死亡。「怒りの金曜日」。携帯電話、インターネットが使用不可能に
29日	ムバーラク大統領がテレビ演説、政治経済改革を約束するも退陣否定。スレイマーン情報庁長官が副大統領、シャフィーク民間航空相が首相に任命される
31日	ムバーラク大統領がシャフィーク内閣を任命。スレイマーン副大統領は野党に対話を呼びかけ
2月 1日	野党勢力による「100万人行進」の呼びかけで、カイロで大規模デモ。アレクサンドリアでも数万人のデモ。ムバーラク大統領、次期大統領選挙不出馬を表明
2日	タハリール広場にバルダギーヤが乱入。「ラクダの戦い」。数十人が死傷
4日	反ムバーラク派による「追放の金曜日」と命名された大規模デモ。それに対し、ムバーラク支持派による「忠誠の金曜日」デモが勃発
6日	スレイマーン副大統領がムスリム同胞団と協議
8日	デモ参加人数が最大の20数万人を超える
10日	タハリール広場でのデモ拡大。軍はムバーラク大統領抜きで軍最高評議会を開催。大統領は国営テレビで即時退陣拒否を表明
11日	スレイマーン副大統領が国営テレビで演説し、ムバーラクが大統領職を退き、全権をエジプト軍最高評議会に移譲したと発表。「挑戦の金曜日」デモ。ムバーラク政権が崩壊する

十三年に及ぶ大統領ザイン・アル＝アービディーン・ベン＝アリーの独裁政権が青年たちの蜂起《ほうき》で倒されていた。これがジャスミン革命である。

しばらくは聞かれるたびに「エジプトとチュニジアとではまったく違う」と答えていた。エジプトで民衆革命なんて起きるはずがない、と確信していたのだ。情勢読みには、ある程度の自信があった。しかし、その予測は今回、見事に外れた。

ムバーラクが窮地に追い込まれたころ、外した理由くらいは知りたいと思った。どうして、ここまで叛乱が盛り上がっているのか。何が起きているのか。予測が現実に追いつかず、焦りを募らせた。その末にデモの終盤になって、現場にいそいそと出掛けた。

十八日間に起きた出来事とは

その報告の前に「革命なんてありえない」と思っていた理由を挙げてみる。それは逆にこれまでとは違う今回の叛乱の秘密を探る手がかりになると思うからだ。

あらためて一月二十五日から二月十一日のムバーラク退陣までの十八日間を駆け足で振り返っておきたい。

デモの予兆が聞こえたのは、二〇一一年一月十七日だった。カイロの人民議会（国会）前で、一人の男性が焼身自殺を図った。一命は取り留めたものの、翌日にもカイロとアレキサンドリアで二人が焼身自殺を企て、アレキサンドリアでは失業していた二十五歳の男性が死亡した。彼らは明らかにジャスミン革命を意識していた。

チュニジアではその一カ月ほど前、中部の街スィディ・ブーズィードで、路上で野菜や果実を売っていた二十六歳の青年ムハンマド・アル＝ブーアズィーズィーが焼身自殺した。ブーアズィーズィーは定職が見つからないチュニジアにあまたいる若者の一人だった。彼は路上販売で糊口《ここう》をしのいでいた。

チュニジアでは当時、若者の失業率が約三割といわれていた。ある日、ブーアズィーズィーは警官に路上販売を咎《とが》められ、商品や秤《はかり》を没収された。さらに殴られ、賄賂《わいろ》まで要求された。焼身自殺はこの警官の横暴に対する抗議だった。エジプトで自らに火を放った男たちもブーアズィーズィーを模倣したとみられた。

デモの中心はお坊っちゃん、お嬢さん

警官の横暴への反感が引き金になったのは、エジプトも同じだった。デモが始まった一月二十五日は「警官の日」という国民の祝日だった。「警官に感謝だなんて悪い冗談だ」と憤った青年たちが、カイロのタハリール広場を中心に「怒りの日」と名づけた集会やデモを呼びかけた。これがムバーラク政権の「終わりの始まり」になった。

この若者たちは総称で「一月二十五日の青年たち（シャバーブ・ハムサ・ワ・イシュリーン・ヤナーイル）」と呼ばれているが、中心はインターネットのソーシャル・ネットワーキング・サービス（SNS）の「フェイスブック」に登録されていた複数のグループだった。

中核になったのは「われら皆がハーリド・サイード（クッラナー・ハーリド・サイード）」というページだ。今回のデモを呼びかけた人物たちの一人、ワーイル・グネイム（一九八〇年生）が立ち上げた。彼はエジプト生まれだが、妻は米国人ムスリマ（女性イスラーム教徒）である。バイリンガルで、二〇〇八年十一月にインターネット検索最大手「グーグル」社に入社した。現在はドバイに駐在し、中東・北アフリカ地域のマーケティング責任

者を務めている。

ハーリド・サイードは、北部アレキサンドリアで警官に殺された青年だ。二十八歳でネット活動家の一人だった。彼は二〇一〇年六月、警官たちが押収したバンゴー（麻薬の一種）を山分けして吸っている映像をネットカフェから配信し、警察に拘束された。その後、公道で殴り殺されたと伝えられる。「われら皆が……」は、サイードへの同情と事件への怒りを込め、立ち上げられた。

「われら皆が……」と人的に重なり合うページ「四月六日の青年たち（イブリール・シッタ・シャバーブ）」も、デモを呼びかけた。二〇〇八年四月に北東部マハッラ・アル＝クブラーのマスル国営紡績織維工場での労働争議支援を機につくられたページだ。

呼びかけはネット上で次々に転載されたが、これらのページの中心になった青年たちは既成の左翼政党やイスラーム主義団体のメンバーではなかった。むしろ、ロックやラップ音楽になじむ上流か、中流の上の家庭に育ったノンポリに近い青年たちだった。

「二十五日のデモは、若い一握りの若者たちが呼びかけた。どちらかといえば、豊かな階層のお坊っちゃん、お嬢さんたち。それが普通の市民にも次第に広がっていった」

知り合いのエジプト人記者や大学教授らは異口同音にそう話す。筆者の勤める新聞社のカイロ支局の助手、イサーム・イスマイール（三十八歳）は「二十五日の集会には、タハリール広場に隣接する私立のカイロ・アメリカン大学（AUC）の学生や卒業生たちの姿が目立った」と語った。ワーイル・グネイムもカイロ大学工学部を卒業後、AUCで経営学の修士号を取得している。

このAUCには、筆者も語学留学で一年間通っていた。学費は日本の私大並みで、授業も英語でなされる。学生は庶民たちとはかけ離れた階層の子弟が多い。ヒジャーブを被っている女子学生もいるし、イスラームに熱心な青年もいる。しかし、ファッションをみても欧米風の「チャラけた」学生が多く、やたら英語を話したがった。女子学生の多くはこれでもかというくらいにアクセサリーをぶら下げていた。もちろん、そうした姿と素朴な正義感は矛盾するものではない。

スローガンは「ムバーラク政権打倒」

このデモは当初の「二、三千人も集まればよい」という主催者側の予想に反し、一万人以上を集めた。さらに全国十都市以上で同時にデモが催された。各所で警官隊と衝突し、負傷者が続出した。

ただ、この時点では、まだ一過性の騒乱と思われていた。タハリール広場では、翌二十六日早朝までに数千人が警官隊に排除され、近くの弁護士会館で態勢を立て直した際の人数はわずか五百人足らずだったという。さらに当局は、予防的にインターネットの回線を制限した。従来なら、ここでデモは収束していくはずだった。

ところが、そうはならなかった。若者たちのデモは、市民や知識人、既存の野党勢力を巻き込んでいく。スローガンは「ムバーラク政権打倒」の一点に絞られた。二〇一一年九月に予定されていた大統領選では、ムバーラクが六選するか、あるいはその次男で与党・国民民主党（NDP）の幹部、ガマール（一九六三年生）への世襲が有力視されていた。国民にとっては「はずれ」しかないくじ引きを迫られているようなものだった。

イスラーム諸国の休日である金曜日の一月二十八日、全国規模の反政府デモ「怒りの金曜日」が呼びかけられた。巨万のデモは暴動と化した。カイロでもタハリール広場に近いNDP本部に火が放たれ、炎上した。広場のナイル川対岸に位置し、豊かな階層の住民が多いムハンドシーン地区では略奪が発生した。

この日は夜に入ると、弾圧の前線にいた警官たちが撤収し、代わりに軍の装甲車がカイロやアレキサンドリアの街中に入り始めた。ムバーラクは全閣僚に辞任を求めた。

しかし、混乱は続いた。二十九日にはカイロで、高級ホテルやショッピングセンターでの略奪、警察署への放火、刑務所暴動と囚人の脱走、商店での買いだめなどが起きた。バットなどで武装した住民の自警団も登場した。軍の部隊が国営テレビ局やエジプト考古学博物館などに配備され、カイロ市内では午後四時から翌朝八時までの外出禁止令が発令された。

ここにきて、ムバーラクは在職三十年で初めて副大統領を任命する。任を授かったのは陸軍出身の総合情報庁長官スレイマーンだった。欧米メディアは彼を「米国とのパイプが太く、パレスチナ和平での仲介実務者」と紹介した。しかし、筆者の印象は「米国が託すイスラーム急進主義者への拷問が大好きで、パレスチナでの交渉を何ひとつまとめられない無能な小役人」である。

ムバーラクが彼を重用する理由はあった。一九九五年、エチオピアでのアフリカ統一機構（ＯＡＵ）首脳会議に出席した際、ムバーラクは反政府のイスラーム急進主義者に狙撃《そげき》された。しかし、スレイマーンが事前に防弾車の使用を進言していたため、ムバーラクは間一髪、難を免《まぬが》れた。

新首相には、元空軍司令官の民間航空相アフマド・シャフィークが任命された。ムバーラクは側近を軍出身者で固めた。

三十日には、人民議会議長アフマド・スルールが前年の総選挙結果の見直しに言及し、既成野党勢力をデモ隊から引き離そうとした。それでも、広場に集まる人波の輪は膨張していった。広場の人数が膨らむほど、独立系メディアによる閣僚スキャンダルの暴露も勢いを増した。相乗効果だった。

三十一日には、軍が「中立宣言」を発表する。国民の大半が歓迎した。しかし、「平和的に行動する限り、軍は発砲しない」という宣言を「命令に反すれば、発砲するという意味だ」と解釈する人たちもいた。

二月一日、ムバーラクは次期大統領選への不出馬を表明し、次男への世襲も否定した。しかし、同時に「私は祖国で死ぬ」と告げ、即時退陣はしないと言い張った。これをデモ隊の勝利か、あるいは政権の詐術とみるか、という評価で人々は割れた。そして、ここからムバーラク退陣まで、青年たちは大きく二回の試練に直面する。

一つ目は二月二日、ムバーラク支持派を名乗るバルタギーヤ（ならず者）がタハリール広場に乱入した事件だ。銃やナイフで襲われ、デモ隊側に二十人を超える犠牲者が出た。ピラミッド観光の悪徳ラクダ引きも、バルタギーヤの一員として商売道具に乗って参戦したため、「ラクダの戦い」と呼ばれる。恐怖に市民たちの波が一時的に引いた。しかし、この襲撃は青年たちに「もはや後には引けない」という覚悟を固めさせた。

二つ目の試練は、ムバーラク側が既成野党や非合法ながら事実上の最大野党であるムスリム同胞団に対話（野党側は「交渉」と呼んだ）を呼びかけ、保守系の「新ワフド党」や左派系の「国民進歩統一党（タガンマア）」などが籠絡《ろうらく》されたことだ。二月六日には、政権と既成野党間で憲法改正に向けての委員会設置が合意された。

二月十一日、ついに革命は成就する

市民たちの一部も長引くデモに生活不安を訴え始め、青年たちは孤立しつつあった。七日には、タハリール広場の人数も数千人台にまで落ちた。

しかし、この難局を青年たちはしのいだ。決定打はテレビでオンエアされたグネイムの芝居がかった落涙だった。七日夜、十二日間の拘置からようやく釈放されたグネイムはそのまま、民間衛星テレビのドリーム2チャンネルに出演。犠牲者の若者たちの写真を前に、遺族たちに謝りながら「悪いのは権力にしがみつく奴らだ」と号泣した。この姿が視聴者の涙を誘い、青年たちへの共感をよみがえらせた。

八日には、デモの参加人数がそれまで最大の二十数万人に跳ね上がった。迷っていたムスリム同胞団は対政府交渉に見切りをつけた。官製の御用組合、スンナ派最高権威のアズハルなど既成のエスタブリッシュメントも、デモ隊支持に雪崩《なだれ》うった。政府系紙『アル＝アハラーム』も犠牲者を「シュハダー（殉教者たち）」と表現した。

決定力を持つ軍は十日、最高司令官のムバーラク抜きで軍最高評議会を開いた。三十年間のムバーラク体制は事実上、ここで崩壊した。だが、その夜、ムバーラクは国営テレビを通じて、あくまで退陣を拒否すると宣言。「外国の圧力には屈しない」と、退陣を促す米国に毒づいた。

十一日が来た。軍最高評議会は昼ごろ、「現在の混乱が収束すれば、（ムバーラクが大統領に就任した八一年から続く）非常事態法を廃止する」と声明した。そのころ、ムバーラク一家はカイロを脱出した。

革命はこうして成就した。

当事者たちでさえ予想しえなかった

どこで何を読み違えたのか。言い訳がましいが、米国も予測を外した。国務長官のヒラリー・クリントンはデモが始まった日の夜、「私たちの評価では、エジプト政府は安定している」と、革命の可能性を排除していた。実は革命後に聞くと、当事者であるエジプト人たちもまた、「こういう結果になるとは、予想もしていなかった」と驚いていた。あの物知り顔で、見栄っ張りのエジプト人が、だ。

これまでの延長線上の尺度では、計りきれない何かが起きていた。それに気づかないいま、これまでの惰性で筆者はどう考えていたのか。

まず、この地域で培われてしまった「流血ズレ」の感覚がデモを過小評価させた。「ちゃらけた」若者たちの、それも非武装のデモで、アラブの盟主を自任する大国の権力が左右されるはずはないと信じた。

この十年を振り返っても、この地域に硝煙と流血が絶えることはなかった。

まずはイラク戦争。二〇〇三年三月に始まり、米ブッシュ政権は約四十日後、いったんは勝利宣言をした。しかし、そこからが泥沼の本番だった。米国の大統領がバラク・オバマに代わり、二〇一〇年八月、米軍はようやく戦闘部隊をイラクから撤退させた。正確な犠牲者数は不明だが、英国のNGO「イラク・ボディ・カウント」は、民間イラク人の犠牲者数を約九万九千人から十万九千人の間（二〇一一年三月一日現在）と推測している。

イラク戦争が泥沼化する最中、二〇〇五年二月には、レバノンの前首相ラフィーク・ハリーリーが、ベイルート市内で爆殺された。事実上の統治者だった隣国シリアの下手人説が流れ、米軍のシリア侵攻がうわさされるなか、シリア軍と情報機関はこの年の四月、二十九年ぶりにレバノンから撤退した。

二〇〇六年には、パレスチナ・ガザ地区の自治政府を担うイスラーム急進派のハマースとイスラエルが交戦。すぐさま、レバノンのシーア派抵抗組織「ヒズブッラー（神の党）」

とイスラエルの戦闘に飛び火した。イスラエル軍はレバノンに侵攻し、一千人以上の市民が犠牲となった。

二〇〇七年には、そのレバノン北部のパレスチナ難民キャンプ「ナハル・バーリド」で、それまで耳にしたことのないイスラーム武装集団「ファタハ・アル＝イスラーム」とレバノン軍が交戦し、四百人以上が死亡した。この武装集団はスンナ派で、パキスタン人ら外国人も少なくなく、ヒズブッラーを挑発していた。事件の背景には、ヒズブッラーの後見人であるシーア派大国のイランと、スンナ派教宣国家サウジアラビアの緊張が影を落としていた。

二〇〇八年暮れから〇九年初めにかけては、イスラエル軍がガザ地区を空爆し、侵攻した。この「ガザ戦争」では、千四百人以上のパレスチナ住民が犠牲となった。

これらはあくまで代表的な出来事だ。ダルフール紛争などを抱えるスーダンや、アル＝カーイダ系のテロ事件などを挙げれば、流血は数限りない。重要なのは、こうしたいくつかの事件をみても、大衆運動が体制を揺るがした例が一つもないことだ。

連綿と続いてきた民衆の蜂起や治安部隊の叛乱

中東はいまも「世界の火薬庫」だ。その修羅場での重鎮役を長らく果たしてきたのが、ムバーラク政権下のエジプトだった。その重量感がたとえ数百人の犠牲者を伴ったにしても、「デモごときでは倒されない」と思い込む根拠になっていた。

エジプトで民衆が為政者に異議を唱えたのは、今回が初めてではない。それどころか、民衆の抵抗は連綿と続いてきた。しかし、そうした抵抗が今回のように「民衆革命」として結実したことはなかった。

古くは十八世紀末のナポレオンの占領に対する抵抗に始まり、一八八一年から八二年にかけては、欧州の帝国主義列強の支配に対して、「エジプト人のエジプト」を掲げて叛旗を翻したアフマド・オラービー大佐を指導者とする叛乱があった。これらはいずれも一敗地にまみれた。

この叛乱の意思を引き継ぎ、サアド・ザグルールらが率いた一九一〇～二〇年代の大規模なデモやストライキによる独立運動も、英国からの形式的な独立を勝ちえただけだった。

一九五二年一月二十六日には、駐留英軍に対する暴動が発生し、カイロでは外資系ホテルなど七百五十の建物が焼き打ちされた。英国と結託して植民地状態を容認する王政、無内容な議会政治、経済格差の拡大などにより、募りに募っていた民衆の不満が爆発した。この暴動は「暗黒の土曜日」事件と呼ばれている。

この事件は、半年後に起きたナーセルらによる共和国革命の下地になり、その革命は一八〇五年から続いたムハンマド・アリー朝を廃止した。しかし、革命の主役はあくまで青年将校（軍）であり、民衆は起爆剤と後押し役にすぎなかった。ナーセルは高い人気を誇ったが、その強権的な政治手法は後のムバーラクへと引き継がれていった。

その後も、一九七七年一月、カイロで「食糧暴動」が起きた。市内ではナイトクラブや警察署が襲撃され、横倒しにされたバスや市電に火が放たれた。軍が出動したが、暴動は首都南郊のヘルワン、北部のアレキサンドリア、南部のアスワンにまで広がった。

原因は補助金の大幅削減を、政府が一方的に決定したことだった。一九七〇年にナーセルが病死し、その後、大統領に就任したサダト（アンワル・サーダート）は開放経済政策にかじを切ったが、巨額の対外債務に苦しんだ。すがった世界銀行の融資はナーセル時代からのパン、砂糖、お茶、ガス燃料など生活必需品への補助金のカットが条件であり、その実施が暴動を引き起こした。暴動発生の翌日、サダトは補助金削減策を撤回している。

一九八六年には、ロシア革命での戦艦ポチョムキン号の叛乱にも似た騒動が起きた。カイロ市内を警備する中央治安警備隊で、配給の食事の一部が腐っていたことをきっかけに、下級隊員らの怒りが爆発、一斉決起した。軍が出動して外出禁止令も布かれたが、これは民衆というより治安機関内部の「暴動」だった。

この国で叛乱といえば、イスラーム急進主義者たちの存在を無視できない。ムスリム同胞団の地道な組織化の一方、より急進的な武闘派勢力が一九七九年のイラン革命に鼓舞され、政権に銃口を向けた一時代があった。

彼らが起こした最大の事件といえば、一九八一年十月六日のサダト暗殺だろう。九〇年代に入って、政府とイスラーム急進派の攻防はクライマックスを迎える。政府は政治対話を頑《かたく》なに拒否し、問答無用の武力弾圧を続けた。武闘派勢力も要人暗殺に加え、外国人観光客襲撃などに手を染め、活動家、治安関係者、外国人ら併せて千二百人以上が犠牲になった。日本人観光客十人を含む六十二人が犠牲になった一九九七年の「ルクソール外国人観光客襲撃事件」はその最終章にあたる。しかし、この苛烈《かれつ》なイスラーム急進主義者たちの闘争にも、ムバーラク政権は揺るがなかった。

結局、エジプトでは過去、民衆の蜂起や治安部隊の叛乱、イスラーム急進主義者たちによる武装闘争こそあったものの、民衆が為政者を打倒したケースはなかった。非武装の青年たちによる異議申し立ての行方を悲観的に予想した由縁《ゆえん》だった。

ちなみに青年たちのデモは、ここ二十年ほどでも例がある。一九九一年の湾岸戦争でエジプトは米国主導の多国籍軍に加わった。これに反対する学生たちの流血のデモがあった。カイロ大学前で水平撃ちされる催涙ガス弾を避けつつ、取材した覚えがある。その後も、二〇〇〇年のパレスチナでの第二次インティファーダ（反イスラエル民衆蜂起）への連帯を掲げたイスラエルへの抗議デモ、二〇〇三年には反イラク戦争のデモが繰り返された。しかし、そのどれもが散発的だった。

忍耐強いというエジプト人の特性

エジプト社会の構造や国民性も、政権打倒の予測を否定する一因になっていた。一九七五年から十五年もの内戦を演じたレバノンや、戦争後も政情が安定しないイラクの場合、根底にはモザイク国家ゆえの複雑な民族、宗教（あるいは宗派）的な対立が横たわる。エジプトにもコプト（キリスト教の一宗派）教徒が十数パーセントいる。しかし、彼らには統治権力を脅かすような力はない。

大半のエジプト人のルーツは、ナイル川沿いに暮らす農民である。元来、農民は忍耐強い。川の氾濫が農地を肥沃《ひよく》にすることで文明発祥の環境が整えられたことは、教科書にも記されている。ただ、氾濫の時期はその年によって異なるので、辛抱強く待たねばならない。その忍耐力がエジプト人のＤＮＡには深く刻み込まれている。

デモの渦中の二月一日には、ムバーラクが約半年後の退陣を約束し、その数日後には憲法改正も俎上《そじょう》に上った。それでもなお、青年たちは即時退陣を求めたが、それを民衆が支持するとは考えにくかった。わずか数カ月を辛抱強いエジプト人たちが待てないはずがない、と思ったからである。

軍と政権の関係も「エジプト版ジャスミン革命」の可能性を否定的に考えさせた。チュニジアでも、エジプトでも最後に大統領に引導を渡したのは軍だった。しかし、軍と政権の関係はそれぞれ対照的だった。

チュニジアのベン＝アリーには軍歴もあるが、もともとは社会主義憲法党の党人だ。政治家は軍を警戒する。実際、一九八七年の大統領就任直後から彼は軍の予算を削減し、軍を自身のコントロール下に置こうとした。二〇〇二年には謎《なぞ》のヘリコプター事故で軍最高幹部らが死亡した。軍はこれをベン＝アリーの仕業と疑っていた。つまり、軍と政権の間には、ジャスミン革命以前から不信が横たわっていた。

それに対して、エジプトのムバーラクは生粋《きっすい》の職業軍人出である。軍人としての経歴も輝かしい。それだけに、軍がよもやムバーラクを追い落とすことはないだろうと思い込んだ。

読み違いはどこで起きたのか

こうしたアレコレの理由が渾然一体《こんぜんいったい》となって、筆者の頭の底に溜《た》まっていた。日本で夜毎、アル＝ジャジーラのネット中継を眺め、「そろそろ収束するだろう」と考えては、逆方向に流れる現実に翻弄《ほんろう》された。そして、十八日間のデモでムバーラク政権は転覆してしまった。それが事実だ。ならば、読み違いはどこで起きたのか。

もしも筆者が革命成就の日に日本にいたとして、もっともらしい記事を書かねばならなかったとしたら、次のような有《あ》り体《てい》の理由を列挙しただろう。

失業や格差など人々の経済的な苦境、警察など治安機関の横暴、非民主的な独裁体制への失望、フェイスブックに代表されるＩＴ技術の活用、米オバマ政権などによる国際的な人権重視の圧力――などだ。

でも、本心ではきっと納得しなかったと思う。

若年層の失業率の高さが語られた。エジプトの失業率は九％（二〇〇九年）とされるが、十五歳から二十四歳に限れば、数字は三十三％に跳ね上がる。一日二ドル以下で暮らす人も、人口の二割弱は存在している。

庶民の生活苦はたしかに厳しさを増していた。ミンチ肉の固まりをあぶり、焼けた部分をこそぎおとしてパンに挟むシャワルマという軽食がある。十年前には一つ三エジプトポンド程度だったが、今回訪れて注文すると、十エジプトポンドもした。モノによって違うのだろうが、インフレに給与の上昇はまったく追いついてはいない。

警察の横暴もよく耳にした。当初は治安警察だけかと思っていたが、交通警官に至るまで傍若無人ぶりが浸透していた。例えば、カイロ市内のスラム街、インババ地区の住民がこんなエピソードを教えてくれた。

ある日、ミクロバス（私営のワンボックス車を改造したバス）が警官に止められ、バスの運行許可証の提示を求められた。忘れたのか、文句を言ったのかは分からないが、突然、運転手は警官たちにバスから引きずり出され、公衆の面前で袋叩きにされたという。

アレキサンドリアでのハーリド・サイード事件についても、この住民は「以前からそういった事件はあったかもしれないが、公に報じられることはなかった。類似した事件が増えすぎて、隠しきれなくなっているのではないか」と顔をしかめた。

警官の横暴の背景には、九〇年代以降の激しいイスラーム急進派との攻防がある。加えて、米国が「テロとの戦い」を声高にするにつれ、内務省は元からおぼつかなかった「人権」の二文字をきっちりと捨てた。二〇〇七年三月の三十四条項に及ぶ憲法改正では、反テロ規定が導入され、令状なしでの盗聴や家宅捜索、逮捕が合法化されるなど警察権が拡大された。

世襲も含めたムバーラク体制の継続も確実視されていた。二〇〇五年九月に実施された初の複数候補制の大統領選（大統領任期は六年）では、前年に結成された野党「ガド（明日）党」からアイマン・ヌールが対抗馬として立候補した。しかし、結果は惨敗だった。ムバーラクの得票率は八十八・六％。当然、不正選挙に違いなかった。この選挙の数カ月後、ヌールは見せしめのように「政党登録の際に偽造があった」として逮捕され、禁固五年の刑を言い渡された。

二〇〇七年の憲法改正では反テロ規定のほかにも、大統領への一方的な議会解散権の付与、ムスリム同胞団を意識した宗教政党の設立禁止、裁判官による選挙監視の骨抜き化のほか、大統領候補になるには国会や地方議員から一定数の推薦が必要という条件が設けられた。ムバーラクの次男ガマールへの世襲の可能性が一気に高まった。ちなみに改憲国民投票の投票率は政府発表で二十七％だったが、非政府団体の調査では五％以下だった。

二〇一〇年の人民議会選挙では、主要な野党が相次いで不正を理由に選挙途中にボイコットした。その結果、定数五百八のうち、野党の議席数は十六まで落ち込み、もはや議会政治の枠内で改革を目指すことは、現実には無理な状況に陥っていた。

迷う余地なし。いざ現地へ

経済的苦境、警察国家、独裁政治の強化のどれもが、革命の触媒になっていたことは疑いない。コップすれすれだった民衆の鬱積《うっせき》という水が、ついに表面張力を破ったという解釈はもっともなように聞こえる。しかし、いまひとつ腑《ふ》に落ちない。

たしかにエジプトを訪れたことのない人々にしてみれば、一日二ドル以下の暮らしをしている人たちが二割弱もいるというのは驚きだろう。中間層の苦しい生活も事実である。しかし、現地で暮らした十数年前を振り返ってみると、当時も似たりよったりだった。

当時、カイロ北部のアブ・ワフィアという地区に週に一回、アラビア語の個人教授を受けに通っていた。ロバに引かせた荷車を避けつつ、細い路地をミクロバスで入っていくのだが、そこには家畜とひとつ屋根の下で暮らしている人々が少なからずいた。インババ地区には中層のアパートが密集していたが、電気やガス、水道が通っている建物は限られていた。路上の水道で人々が頭を洗っている光景は決して珍しくなかった。彼らは「一日二ドル以下の暮らし」をしている人たちだった。

シャワルマは高くなっていた。それは肉の値段が上がったからだ。けれども主食であるアエーシの価格は一枚五エルシュ（一円以下）と、現在も低く抑えられている。つまり、肉は頻繁に口には入らないが、飢えが身近にあるような状況ではない。

若者の失業率は高い。ただ、十数年前でも大卒者が「たったの三年待ち」で公務員に採用されるとニュースになるほど、失業問題は深刻だった。公務員が副業を持つのは当然だったし、失業中の若者たちもアルバイトのような日銭仕事でしのいでいた。さらに統計は家事労働を含んでいない。乳幼児や児童の多さを考えると、家事もまた求められていた。

警官たちの横暴は酷《ひど》くなったのだろう。しかし、それも相対的なものだ。エジプトの警官は弱い者をよく殴る。例えば、パレスチナのガザ地区の高齢者たちは、いまも本音ではエジプト人をよく思っていない。それはかつてこの地区がエジプトの統治下だった時代、エジプト人の警官たちが頻繁にパレスチナ住民を殴っていたからだ。

独裁政治に大半の西欧諸国の人々は驚きを示すだろう。しかし、エジプトで民主的な政治体制があった例《ためし》はない。ムバーラクという独裁者が突然、天から舞い降りて災禍をもたらしたというイメージは誤りだ。

フェイスブックや米国の民主化圧力については、別の章で詳しく検証してみたい。ただし、ＩＴ技術がどれだけ発達したにしても、技術のみが自然発生的に革命を導くことはない。米国や欧州の民主化圧力にしても、狙《ねら》いは中東戦略上の要であるエジプトに穏やかな改革を与えることだったはずで、政権を吹き飛ばすことなど論外だったろう。

こう考えてみると、いずれの要因も当たってはいるが、民衆に命がけの革命を促すという決定的な動機になったとは考えにくかった。あくまで革命の触媒にすぎない。革命は生きにくさの程度が高まったあげく、自動的に発火するわけではない。革命はそれを担う人たちに命がけの飛躍を求める。飛躍を促す何かがなくては、人々は自らの運命を委ねない。触媒以上の決定的な何かが、人々を引き寄せたはずだった。

歴史という培養器の中で、いったい新しい何が育っていたのか。報道やネットでどれだけ探してみても見つからない。手帳を見て、無理に仕事をやり繰りすれば、約一週間の旅が可能なことに気づいた。直に現地を見るしかない。迷う余地はなかった。

第三章　旧世代の憂鬱

「観光目的」でカイロへ

現地時間で二月十日午前五時。カタールの首都ドーハの空港に着いた。ここで乗り換えてカイロに向かうのだが、カイロ行きは午後一時発。通常なら、午前にもう一便あるのだが、この非常事態で運休していた。数日前に航空券を予約した時点で、カイロへ飛んでいる航空会社はほとんどなく、かろうじて見つけたコースだった。

カイロを最後に訪れたのは、二〇〇一年の9・11事件の直後である。かれこれ十年ぶりだ。かつて暮らしていた街とはいえ、十年という時間は決して短くはない。人も街も生きものだ。時間とともに変わる。まして非常時だ。空港から街へ入れる保証すらない。日本から友人たちに、メールを何本か送っていたが、当局がネットを規制しているらしく、返事はなかった。

搭乗ゲート前にエジプト人の乗客たちが集まり始めていた。アラブ人以外は筆者を除いてビジネスマン風の韓国人三人だけだ。さぞ、エジプト人たちは不安に違いない。そう想像していたのだが、誰もが陽気にしゃべっている。「ダム・ハヒーフ（軽い血）」。エジプト

インババ
ザマーレク
ナイル川
ワールド・トレード・センター
ウィカーラ
カイロ国際空港へ
ラムセス中央駅
シュハダー駅（旧ムバーラク駅）
7月26日通り
ムハンドシーン
アブ・ル=アラー通り
アグーザ
国営テレビ局
ナーセル駅
ゲズィーラ
タハリール市内バスターミナル
国民民主党本部
エジプト考古学博物館
10月6日通り
アタバ広場
タラアト・ハルブ広場
カイロタワー
アラブ連盟
ファラキ広場
タハリール広場
オペラハウス
アブディーン宮殿
カイロ・アメリカン大学
政府総合庁舎
アメリカ大使館
ガーデン・シティ
ドッキ
カイロ大学病院
オルマン植物園
カイロ大学
マニアル宮殿
カイロ動物園
ローダ島
マグラ・イル・ウユーン通り
ファイサル通り
ギザ
0
1km
ファイサル駅
ローダ通り
ギザ広場
サラーフ・サーリム通り

カイロ地図

人の性格を表現する言葉である。

やがて、正体不明のエジプト人男性が現れて、同胞たちに入国カードを配り始めた。書き込まれたカードを回収すると、今度は勝手にエジプトの入国印を押している。まだ、ドーハの空港である。理解不能だ。カードを男に手渡していたエジプト人の乗客に「あれは誰だ」と聞くが、「さあ、きっとエジプトの出入国係官だろう」と意に介さない。

やはり、エジプトは筆者の知っているエジプトだった。こういういいかげんというか、あきれたことが起こるのだ。それに目くじらを立てるのではなく、楽しまなくてはあの国では暮らせない。ようやく気持ちが落ち着いてきた。

カイロ空港に着陸する前から思案投げ首だったのは入国理由だった。事前に当局が外国人記者たちを追い出しているという報道を聞いていた。だからといって、この騒動の最中、観光目的というのも白々しい。

悩んだが、やはり観光目的にした。実際、自費で休暇を取って訪ねてきたやじ馬なのだ。パスポートコントロールで、素知らぬふりで旅券と入国カードを差し出すと、係官が英語で何を見たいんだ、と聞く。微笑んで「ムザーハラート（デモ）」と言った。係官はニヤリと笑って、ポーンと勢いよく入国印を押してくれた。洒落《しゃれ》の分かる人だった。と同時に「これはデモ隊側が勝つかもしれない」と直感した。

名物の雲助の群れをかき分け、タクシーに乗り込む。車のラジオからは、興奮した調子でニュースを読み上げるアナウンサーの声が流れている。検事総長が汚職閣僚らの拘束理由を発表したらしい。

市内に入る道すがら、車窓から装甲車が路上に何台も並んでいるのが見える。なじみのない光景だった。対向車線はそのせいか、大渋滞だ。高架の脇《わき》の見慣れた警察署は黒焦げになっていた。ここまではアル＝ジャジーラで見た映像と同じだった。

しかし、市内は思いのほか平穏だった。財務省の建物はガラス一枚割れていなかった。カイロの交通の心臓部、ラムセス（ラムシース）中央駅前の広場はいつものようにバスと客たちが秩序なく混在していた。かつて住んでいたザマーレク地区のホテルに投宿したが、その周囲もこれといって騒乱の気配は感じられなかった。

メディアが伝えない「声なき声」

デモ隊が集まるタハリール広場周辺はよく知っている。留学中、毎朝、ここでバスを降りた。広さは隣接するエジプト考古学博物館などの敷地を入れても、南北八百メートル、東西四百メートルほどの空間だ。世界のメディアのカメラは四六時中、その空間に焦点を合わせていた。

そのため、視聴者はその広場で起きていることが、カイロ全域でもそうであるかのように錯覚してしまう。たしかに離れた地区でも、略奪や警察署への放火はあった。しかし、それは一時的な現象だった。タハリール広場を少しでも離れれば、そこには市民たちの一見平穏な日常の暮らしがあった。

そうした温度差は人々の心の中にもあった。とりわけ、世代を隔ててである。

「独裁政権と市民」の対決という構図はあまりに紋切り型にすぎる。ドーハ空港で雑談した出稼ぎの数学教師、ムフィード・ナジャール（四十一歳）は「いま起きていることは世代間抗争だ」と断定していた。

「三十五歳くらいで新旧の世代は分けられる。考え方が相いれないのだ」

抗争といっても、単純にムバーラク支持派と反ムバーラク派という意味ではない。ムバーラク政権に批判的ということだけでいえば、世代を超えて国民の圧倒的多数がそうだった。そうではなく、ムバーラクの即時退陣を求めるか否か、言い換えれば、青年たちのデモを支持するか否か、をめぐる断絶に近い抗争である。

三十五歳というのも、あくまで目安にすぎない。高齢者でもデモへの参加者はいた。とりわけ、左派やイスラーム主義の反体制運動の活動家たちはそうだ。ただ、逆に青年でこのデモに批判的という人は、筆者が見聞きした範囲ではいなかった。

その抗争の欠片を二月十日夜、ムバーラク退陣の前夜に見た。タハリール広場から離れた街中には、メディアが伝えない「声なき声」があった。それもただの少数派とは片づけられない規模で存在していた。

そのころ、世界中のメディアは青年や市民たちが政権をあと一歩にまで追い込んでいると報じていた。米中央情報局（ＣＩＡ）長官のレオン・パネッタは十日昼、「ムバーラクが今晩退陣表明する可能性が高い」とコメントし、それはエジプト軍上層部からの情報とみられていた。

まばらに起きた拍手

その日の午後十時半すぎだった。それまでうろうろしていたタハリール広場を抜け出して、東に六百メートルほど離れたファラキ広場に向かって歩いていた。不気味なほど静かだった。あれほど静まり返ったカイロの夜をかつて経験したことがない。カイロの市民たちは宵っぱりだ。それなのに路上にほとんど人を見かけない。皆、ムバーラクの演説を聞くためにテレビの前で固唾《かたず》をのんでいたのだ。

ひょっこり入った軽食スタンドには、中高年の男たちが十人ほどいた。皆、テレビを凝視している。ムバーラクの演説が始まっていた。筆者もそこに交ざった。「権限をスレイマーン副大統領に委譲する」とまでは話すのだが、一向に辞めると言わない。

「自由で公正な選挙によって、国民が選んだ人物に政権を委譲するまで、憲法と国民の利益を守るという自らの責任を全うする」

そんな内容だったように聞こえた。きっと、自分の聞き間違えに違いない。久しぶりのアラビア語だし、なにより辞めるはずなのだ。

演説が終わると、静かなため息が店内に漂った。誰もしゃべらない。ただ、まばらに拍手が起きた。拍手したのは、デモ隊襲撃の下手人のような男たちではない。普通の中高年の男性たちだった。それに目くじらを立てる人もいない。結局、演説内容はやはり即時退陣の拒否だった。

あのとき、数人の男たちはなぜ、拍手したのか。そして、周りの人たちの沈黙の意味は何だったのか。その理由の一端を翌日、知ることになった。

「あいつらは本当にエジプト人か」

青年たちが抗議活動を続ける国営テレビ局に近いアブ・ル＝アラー通り。安い衣料品店、雑貨屋、車の修理屋などが雑然と並んだ庶民のマーケットだ。デモ見物にも疲れて、通りをぶらついていると、店の周囲に椅子を並べたアホワで茶をすする中年の男たちに「どっから来たんだ」と呼び止められた。

急ぎの用もない。街の声を聞くいい機会だと立ち寄った。どこでアラビア語を習っただの、定番の挨拶も終わると、男たちは「デモもいいかげんにするべきだ」と青年たちに批判的な言葉を繰り出し始めた。その一人、古着商のアフマド・アリューシュ（四十八歳）は苛《いら》ついた表情で「あいつら（青年たち）は本当にエジプト人か」と吐き捨てた。

アリューシュの言い分はこうだった。

自分もムバーラクはもう辞めるべきだと思うが、彼は九月の次期大統領選には出馬しないと約束している。憲法上は大統領が辞任すれば、六十日以内に選挙をしなくてはならない。しかし、与党候補しか当選できない仕組みになっている現行憲法の改正作業が、六十日間では間に合わない。人民議会の議長が大統領を代行するという別の選択肢もなくはない。だが、いまの議長はムバーラクの手下だ。意味がない。そうならば、九月までムバーラクに大統領をやらせてやればいい――。

でも、それは表向きの理由だった。本音はもっと分かりやすかった。

「（ムバーラクは）八十二歳の老人だ。そんな老人にこれ以上、恥をかかせるべきではない。どんなに悪い親であっても、親は親だろう」

周りの男たちも「そうだ」という表情でうなずく。そして、異口同音に青年たちを「アサビイーン（急ぎすぎな、神経過敏な人たち）だ」と非難した。そこには昔ながらの優しいエジプト人たちがいた。

世代によって分かれるムバーラクの評価

一般にエジプト人は「口から生まれる」と言われるほど、よくしゃべる。カイロの街中では、大声で言い争う光景をよく目にする。車をぶつけたの、ぶつけないのといった他愛のないトラブルだ。アラブ人は声が大きい。それにあの顔つきだ。慣れないと、何ごとかと驚く。言い争いにギャラリーが集まり、当事者たちはそれぞれの言い分を訴える。

やがて頃合いをみて、年配の仲介者が介入する。そこでの判定に十対ゼロという判定はまずない。およそ七対三か、六対四。メンツを重んじるのだ。周りも負けた側を「マレーシュ（まあいいじゃないか）」となだめる。最後には握手か、抱擁で一件落着する。そうした作法というか、道徳になじんだ中高年たちの目には、青年たちの行動は「反道徳的」に映っていたのだ。

こうした反応は茶房で出会った男たちに限らなかった。かつて筆者が常駐していた支局の助手を現在も務めている主婦のルブナ・イスマイール（四十一歳）もこう話した。

「私には青年たちの気持ちが分からない。うちの高校生の息子は青年たちが正しいというけれど。でも、ムバーラクはもう辞めると言っている。ならば、形だけでも花束を贈るべきでしょう。私もムバーラクが嫌いだったけど、だんだん同情したくなってきた」

しかし、青年たちの要求はあくまで即時退陣だった。カイロ大学法学部の学生は「ムバーラクに辞める気があったというなら、なぜ国民の批判が強いのを知っていて、次男への禅譲を狙っていたのか。信用できない。彼自身が花道を捨てたのだ。自己責任だ」と吐き捨てた。そこには歩み寄りの余地などなかった。

青年たちにしてみれば、ムバーラクは「腐敗の元凶であり、自由の敵」だった。しかし、こうしたムバーラクの評価についても、旧世代には違和感があった。

多くの生活者にとり、ムバーラクは「悪者」であっても「極悪人」ではなかった。映画『テロリズムとケバブ（アル＝イルハーブ・ワ・ル＝カバーブ）』など、為政者や社会を風刺する作品への出演で知られる一九四〇年生まれのエジプトの喜劇王、アーデル・イマームもムバーラクを強く擁護していた。

その「違和感」の中身を詳述する前に、あらためてムバーラクという人物の略歴に触れておきたい。

三十年という長い統治

ムバーラクは一九二八年、エジプト北部ナイルデルタのミヌーフィーヤ県カフル・アル＝ムスリフ村に生まれた。家庭は父親が法務局に勤める典型的な中産階級だった。中学を卒業した後、陸軍士官学校に入学。さらに空軍士官学校に進み、優秀な成績で卒業した。その後、空軍入りし、エリート将校の道を歩み始める。ちなみにシリアの先代大統領、ハーフェズ・アル＝アサドも空軍のパイロット出身だ。

一九六七年の第三次中東戦争（六日間戦争）で、エジプト軍はイスラエル軍の奇襲に惨敗した。とりわけ、空軍は壊滅的打撃を受けた。その空軍の立て直しのため、ムバーラクは空軍士官学校校長という重責を担わされる。

厳しい指導が実を結んだのか、一九七三年の第四次中東戦争では、エジプト軍は緒戦でイスラエル軍への電撃作戦を成功させ、六年前の雪辱を果たした。陣頭指揮は当時、空軍司令官だったムバーラクだった。大統領のサダトは軍人の最高栄誉である「シナイの星」勲章をムバーラクに贈った。そのうえ、一年半後にはムバーラクを副大統領に任命した。

副大統領としての派手な功績はなかったが、黙々とサダトに尽くした。その姿は、後のあだ名である「牛」そのものだった。

そして一九八一年十月六日、サダトは第四次中東戦争を記念する軍事パレードの最中、イスラーム急進主義者の将校たちの凶弾に倒れる。隣席にいたムバーラクも腕に銃撃を受けた。だが、その傷も癒えぬ間に、彼は混乱のなかで大統領に就任する。

その後、五期三十年にわたる長い統治に入るのだが、旧世代の庶民の間では「この十年ほどは老害が目立つけれど、最初の二十年はそう悪くはなかった」という評価が少なくなかった。

そう思わせた最大の理由は、その三十年間に国民を巻き込むような戦争がなかったことだろう。エジプトは一九四八年から七三年の二十五年間で、四次に至る中東戦争を演じている。それに比べて、八一年からの三十年間は湾岸戦争への派兵こそあったが、国土が戦禍に巻き込まれることはなかった。

前任のサダトが七九年にイスラエルと平和条約を結んだためだ。しかし、その代償としてエジプトはアラブ世界で「裏切り者」の汚名を被り、孤立した。エジプト側にも言い分はあった。四回にわたる中東戦争で、エジプトは常に主軸として血を流した。威勢のいい応援だけの湾岸産油国から、資金くらいはふんだんに援助される資格があると信じた。

ムバーラク大統領
AFP＝時事

しかし、傷ついたエジプトに湾岸産油国は冷たかった。後にイラン・イラク戦争（一九八〇〜八八年）で、革命イランの防波堤として体を張ったイラクに対し、湾岸のクウェートが示した姿勢もこれと同じだった。イラクのサッダーム・フセインはその「不義理」にキレて、クウェートに侵攻した。

「アラブは一つ」という使い古された標語は永久に実現しないからこそ、スローガンとして生き続ける。そうしたパラドックスの空しさが、エジプトにイスラエルとの和平を選択させた。

しかし、ムバーラクは寡黙に働いた。平和条約での約束通り、まずはイスラエルに同国が占領していたシナイ半島の返還（一九八二年）を履行させ、その後、粘り強い働きかけで、一九八九年には再びアラブ連盟に復帰した。エジプトはアラブ世界の中核に再び君臨し、連盟本部をカイロに取り戻した。

一方、エジプトはナーセル時代以来の社会主義体質から、対外債務に苦しんでいた。ムバーラクは一九九一年の湾岸戦争で、国内の批判を抑え、米国が率いる多国籍軍に参加。この「報酬」として、米国と他の西側諸国、湾岸産油国は計二百八億ドルのエジプト債権を放棄し、エジプトの財政状態は飛躍的に改善された。さらに評価は分かれるものの、ムバーラクはサダト政権以来の脱「社会主義」化を促進し、「十年前には電話を申し込むと、設置までに三年はかかった。いまは翌日にはつく」（カイロ在住の大学講師）といった具合にエジプト経済を変えた。

サダトの暗殺直後、ムバーラクは令状なしの逮捕や長期拘禁が可能な非常事態法を発令する。反政府勢力の弾圧手段として悪名高い法律だが、大統領就任直後はムスリム同胞団などに対して一時的に融和策を採り、八〇年代前半には多くの政治犯が釈放された。

しかし、一九八〇年末、アルジェリアの政治危機を見て、方針転換する。アルジェリアでは、世俗主義政権がイスラーム主義勢力との融和を図った結果、逆に権力を奪われる寸前にまで追いこまれた。ムバーラクはこれを教訓ととらえ、イスラーム主義者との対話を拒み、貴重な収入源である外国人観光客への襲撃も辞さなくなったイスラーム急進主義勢力を最終的に力でねじ伏せた。

ムバーラクの功績と最後の十年

あまり表に出ない功績もある。エジプトでは、少数派のコプト教徒とムスリムの長い対立の歴史がある。イスラーム主義勢力の懐柔に腐心したサダトは一九八一年、コプト教会の総主教シェヌーダ三世を砂漠地帯に幽閉してしまう。しかし、ムバーラクは一九八五年、この総主教をカイロの教会に連れ戻し、宗教対立というエジプトの宿痾《しゅくあ》を克服しようとした。

もう一つある。ムバーラクは親米派で、「アラブの大義」とは対極の人物と語られがちだ。しかし、本心からそうだったのだろうか。九〇年代後半、ムバーラクは一時期、米国に反抗を試みている。実利と慎重が信条だった男が冒険に打って出たのだ。

当時、シリアとイラクの両国は汎《はん》アラブ主義のバアス党政権だった。ただ、バアス党の正統性をめぐる確執の根は深く、シリア大統領のアサド（現大統領の父）とイラクのサッダームは犬猿の仲だった。ムバーラクはこの二人の間を取り持ち、一九九七年には経済交流に限るという条件付きではあれ、十七年ぶりに両国の国境を開放させている。

さらに前年に誕生したイスラエルのネタニヤフ右派政権に反発し、米国主導でイスラエルとの経済交流拡大が主眼だった中東・北アフリカ経済会議をボイコット。返す刀でイスラエル抜きのアラブ共同市場構想を打ち上げた。

こうした動きはエジプト、シリア、イラクによるアラブ民族主義枢軸の再構築を意図しているように映った。しかし、この冒険は同じ年に起きたルクソール外国人観光客襲撃事件以降、完全に腰砕けとなる。この事件で解任された元内相のハッサン・アルフィーはかつて事件後の取材で、筆者に「大統領（ムバーラク）は事件の背後に米国の影があったとみていた」と話している。この謀略論が真実か否かはともかく、ムバーラクにもアラブ人としての血が騒いだ時期はあったのだ。

二〇〇〇年以降の最後の十年は精彩を欠く。テロ対策が口実とされたが、地方遊説はなくなり、国民との距離は隔たった。シリアをなぞらえるべき先例ととらえたのか、アラブ民族主義が覆した王政ばりの世襲を妄想した。老いに伴う頑迷さも隠しようがなかった。

それでも、旧世代の庶民たちはムバーラクに一定の評価を与えていた。額には諸説あるものの、不正蓄財もあったろう。しかし、湾岸産油国には十億ドル（約八百億円＝二〇一一年三月現在）以上の資産を持つビリオネイヤーが何十人もいる。この地域では珍しくはない。

旧世代が抱く違和感

エジプトはイスラエルと平和条約を結んではいるが、そのことはエジプト人がイスラエルに敵意がないことを意味しない。つまり、大半のエジプト人はイスラエルを嫌っている。和平の現実は「冷たい平和」である。とりわけ、平和条約締結前に育った旧世代にはその傾向が顕著だ。

再び戦争をしたいと考える人はまずいない。軍事的にも勝てる見込みは薄い。結局、平和は屈辱によって支えられている。アル＝カーイダのビン＝ラーディンは、二言目には「パレスチナ人の悲惨を忘れるな」と演説していた。その一言が旧世代のアラブ人の心の琴線に触れることを彼は熟知していた。エジプト人はその典型だ。だから、従来の反政府集会には「イスラエルの暴虐を野放しにしているムバーラク政権を許すな」といった類《たぐい》のスローガンが、なかばお約束のように掲げられていた。

しかし、タハリール広場の横断幕のスローガンには、奇妙なくらいこの「お約束」がなかった。「サウラ・サウラ・ハッタ・アッ＝ナスル（革命、革命、勝利まで）」「タグイール・ホッリーヤ・アダーラ・イジュティマイーヤ（変革、自由、社会的公正）」。そうした横断幕は多いのだが、旧来のシオニズム（ユダヤ人国家建設運動）に対する非難、パレスチナ解放闘争への連帯といった標語は見かけなかった。

デモのごく初期に、わずかに見かけたという目撃談がある。しかし、それも間もなく消えてしまったという。筆者が広場を訪れたデモの終盤には跡形もなかった。演台で演奏される欧米風のラップ音楽と並んで、このことも旧世代が青年たちに抱くもう一つの違和感だった。

政治とは一線を画したエジプト歌謡曲（通称、エジポップ）の世界にも、イスラエルへの憤りを表現した作品がある。クリーニング店の従業員から一躍、国民的歌手となったシャアバーン・アブドルラヒームの大ヒット曲「イスラエルなんか嫌いだ（アナ・バクラフ・イスラーイール）」（二〇〇〇年）は、その代表格だ。歌詞にある当時の外相で、ナーセル主義的な傾向が強いアンムル・ムーサを讃《たた》える文句は、ムバーラクに対する当てこすりである。

アブドルラヒームはその後もイラク戦争などをテーマにした曲を次々と発表し、アラブ民族主義的なセンチメントに訴える歌詞で人気を博した。そのアブドルラヒームも一九五七年生まれ。タハリール広場の青年たちとは、年が一回り以上違う旧世代だった。そのためだろうか、今回のデモの最中、「ヘイ、若者たち、考えて動け。連中（スパイ）は俺たちの国を破壊したがっている。（中略）夢を自分たちの手で捨てるな」とデモの自制を訴える新曲を発表した。

これに対し、ネット上には「奴とは縁切りだ」「彼も終わり」といった反発の書き込みが相次いだ。

若者たちとのすれ違い

ムバーラク退陣直後、パレスチナ解放機構（PLO）の第二勢力である左派のパレスチナ解放人民戦線（PFLP）は二月十三日、ハーリダ・ジャラール政治局員が衛星テレビ「アル＝クドゥス（エルサレム）」のインタビューに対し、「エジプト革命は圧政、独裁、屈従に対して蜂起する人民の力を確信させた」と発言している。

ＰＦＬＰは昔日の勢いを失い、現在、日本の政治地図に当てはめると「パレスチナの社民党」のような存在だ。声明にはお祝いとともに、サダト、ムバーラクが選んだエジプトの対イスラエル和平路線が、パレスチナ人にとっては現行の「名ばかりの和平」を招いたと批判した。そのうえで、「一月二十五日革命」から「パレスチナの占領と服従の状況を終わらせる鼓動が聞こえる」と指摘し、これを機にエジプトが対イスラエル外交を見直すよう期待をにじませていた。これなどはエジプトの旧世代の心情と呼応する。

しかし、それらはタハリール広場に集った青年たちの思いと隔たっていた。例えば、広場に集まった人々の中で、最もＰＦＬＰと距離が近いであろうエジプト共産党（ＣＰＥ）ですら、同じ二月十三日に発表した「人民の意思の勝利と目標達成のための継続革命」と題した声明で、その全文約七十五行の最後のわずか三行にのみ、「エジプトが帝国主義、シオニズムに対抗する地域的、国際的な役割を再び担えるよう革命を深化させなくてはならない」と記していた。どこか、おざなりな印象は拭《ぬぐ》えなかった。

広場では意図的に「反イスラエル」「反帝国主義」のスローガンを隠したという見方も

ある。そうしたスローガンが米国をムバーラク側に追いやりかねず、イスラエルを敵視するイランに政治利用されかねないという理由からである。そうかもしれない。しかし、この場合、逆の理屈もまた成り立つ。パレスチナ軽視がムバーラクの統治上のアキレス腱《けん》で、かつエジプト民衆がそれを恥じていたとすれば、その点を強調することが宣伝戦の武器にもなる。

タハリールの青年たちに聞くと、実相はもっとあからさまだった。連日、広場に通っているという三十一歳の書店員は「米国もイスラエルも好きではない。彼らがパレスチナやイラクでしていることは間違いだ。政府はもっと彼らにモノを言うべきだ」と話した。穏当すぎる答えだった。この程度なら欧州の学生に聞いても、そう答えるだろう。

エジプトは、米国の実業家やイスラエル企業も株主の「東地中海ガス・コンソーシアム」を通じ、イスラエルの電力施設が必要とする天然ガスの四十五％を供給している。その販売価格は市場価格より安い。

アインシャムス大学外国語学部の学生、ナファウィー・フェフニー（二十三歳）は「政府はイスラエルに安く天然ガスを供給できる財政的な余裕があるのなら、もっと若者たちに安価な住宅を供給すべきだ」とムバーラクを批判した。「シオニズム国家打倒」ではない。あくまで政府は国民の生活を第一に考えるべきだ、というレベルでの批判だ。

こんな声も聞いた。カイロ大学の卒業生でアルバイト暮らしの青年は「イスラエルは侵略国家だ」と言い切ったが、「彼らは公正な選挙を実施し、内政は民主主義的だ。そのシステムを私たちも学ぶべきだ」と付け加えた。

そうした事実は旧世代だって知っている。ただ、悔しいから、決して口にはしない。それをあっさり言ってしまえる世代がタハリール広場にはいた。

国際情勢よりも身近な問題こそが大切

「対イスラエル」というアラブの大義を胸に秘める旧世代にとって、そうした若者たちの感覚は民族的な誇りを喪失した堕落でしかなかった。この構図は日本での戦争体験を持つ護憲派と、格差社会をリセットするには戦争だってありではないかという説を展開できる若者たちとのすれ違いにもどこか重なる。

「シナイ半島での電撃作戦（第四次中東戦争）のことは、もう高校生だったからよく覚えている。イスラエルを打ち破って、本当にうれしかった。国中がお祭り騒ぎだった。でも、それはもう四十年近く前のことだ。いまの青年たちは生まれてすらいない」

タハリール広場から北東に徒歩十分ほどのタラアト・ハルブ広場にある古い茶房「ザフラ・ル＝ブスターン（果樹園の花）」で、エジプト人記者のジャマール・マンスール（五十五歳）はそう言って、仕方がないという表情を見せた。この茶房はリベラル・左派系の知識人たちが集まることで知られる。

「生まれていなかった時分のことに関心を持てと説教しても、それは容易じゃない。自分たちの世代は国内でこれだけの騒乱があれば、自然にイスラエルがこの機に乗じて何かしでかさないか、とか気になる。でも、いまの青年たちにはそんな感覚はない」

たしかにタハリール広場では、イスラエルとの平和条約をサダトではなく、ムバーラクが結んだと勘違いしている学生もいた。歴史の風化はいつの時代も、どこの国にも共通なのだろう。

その場に居合わせた別の中年の客は「現代の青年たちにとってイスラエルがどうの、国際情勢がどうの、という話題は関心事じゃない。それより就職がままならず、結婚できない、車も買えないといった身近な問題こそが大切なのだ。自分たちのころとはまったく違うんだよ」と苦笑した。

新しい世代の掲げたスローガンはイスラエルとの対決ではなく、「自由」と「公正」、つまるところ「独裁打倒」だった。この独裁打倒という台詞もまた、多くの旧世代にとってはうなずきつつも、いまひとつ切迫感に欠けるスローガンだった。

エジプトの「ぬるい独裁」

エジプトには複数の治安機関に百万人を超す職員がいるといわれていた。盗聴、恫喝《どうかつ》、スパイ強要、暴力、不当逮捕、拷問の存在を否定する者はいない。こうした機関に支えられた政権は西欧の基準からいえば、独裁体制以外の何物でもない。

筆者の体験に照らしても、一九九〇年代のカイロ支局勤務時代、それはどこの外国プレスの支局でもあったことだが、現地助手は内密に記者がどんな記事を書いているのか、どんな取材をしているのかを報告するように当局から要請されていた。

ムスリム同胞団に電話して取材を依頼すると、直後に当局から「何を取材したいのか」

と電話がかかってきたこともあった。支局の電話は盗聴されており、当局からの架電は恫喝の一種だった。

英国に亡命中のエジプト人イスラーム急進主義者の動向に関連した記事を書いた際は、情報省のナギブ・オスマーンという外国プレス担当の役人に呼び出され、東京のエジプト大使館が翻訳したのであろう自分の記事を前に「今後、こうした記事を書き続けるのなら、あんたのところの支局閉鎖も考えねばならない」と脅されたこともあった。

エジプト人記者たちはもっと厳しい状況下にいた。例えば、二〇〇七年九月、「（与党の）国民民主党は独裁的だ」と書いた独立系の『ドストール（憲法）』紙の編集長ら四人は「公益を冒した」罪で懲役一年の判決を受けている。そうしたことは珍しくなかった。

ただ、アラブという地域を尺度にしがちな旧世代にとって、そうした独裁は相対的に「ぬるい独裁」にすぎなかった。イラクやシリアといった「独裁の本場」に比べれば、エジプトの独裁などまだまだ甘いという感覚だ。それは同じ旧世代の筆者にもよく分かる。

サッダーム時代のイラクでの取材では、ホテルの室内盗聴を恐れて、テレビの音を上げ、シャワーを全開にして地元助手と風呂場で打ち合わせた。バグダードの中心部、サアドゥーン通りでは外国人記者と挨拶や用件以上に話をする人はいなかった。第三者に外国人と仲よくしているところを見られれば、その後、面倒に巻き込まれかねないからだ。

街の真ん中で、三百六十度ぐるりと回りを見渡す。十数枚のサッダームの肖像や写真が目に入った。心理的な圧迫を加えるためである。

「寝ていても、集音マイクで寝言まで聞かれているのではないかと恐れていた」

サッダームの政権が崩壊した直後、首都バグダードで一人の市民はそう振り返った。

シリアも似たようなものだった。八〇年代半ばに初めて訪れた首都ダマスカスでは、かつて公開処刑の場でもあった中心部のマルジェ広場で男たちが三人以上、立ち話などしていようものなら、すぐに警官が寄ってきた。謀議を警戒していたのだ。

そのシリアが実効支配し、内戦中だったレバノンのベカー高原で写真を撮っていて、スパイ容疑でシリアの秘密警察に逮捕されたことがある。幸いにも、一週間程度で釈放されたが、当時、駐留シリア軍本部のあったアンジャルの監獄では、看守がビニール袋に入った食糧を投げ込んでくるたびに「オマエの処刑は明日だ」と脅された。釈放後、西側通信社の記者に「君は幸運だ。よく埋められなかったな」と真顔で感心された。

しかし、カイロは違った。例えば、道端でムバーラクのあだ名である「バカラ・ザーヒカ（笑う牛）」という単語を交え、政治談議をしていたとしても逮捕されることはない。サッダーム時代のイラクなら、一族郎党にも災いが及んだだろう。

同胞団と密接だった『アッ＝シャアブ（人民）』紙は休刊しているが、かつては毎号、役人の汚職や与党政治家のスキャンダルを掲載していた。それとて客観的にみれば、そのスキャンダリズムは民衆のガス抜きに役立ってすらいた。

保育園などで、子どもたちが「わが父、ムバーラク」「わが母、スーザン（ムバーラク夫人）」という歌を歌わされる。しかし、そうした悪弊は王政時代からの習わしだ。

カイロに駐在していた時代、近隣諸国への出張から戻ってくると、そのゆるい雰囲気にほっとした。独裁には違いない。しかし、独裁政権を彩る「汚職」「官僚主義」「政治警察」は日本にもある。露骨さの程度が違うだけだ。

世代の断絶がもたらした奇跡

こうした旧世代の青年たちへの違和感は、政権と野党が対話を始めた時点で噴出した。

従来の相場に照らせば、政府をここまで譲歩させせれば、それはデモ隊側の勝利であり、このへんが引き際にも見えたからだ。ロイター通信は当時、「明日ではなく、今日デモを止めろ」(四十八歳、男性)、「デモが交通を妨害して、病院に通えない患者たちがいる」(四十八歳、医師)と、市民のデモ隊に対する不満が膨らんでいる様子を報じていた。

しかし、新世代は妥協しなかった。顔なじみのナッツ屋の店主は「若い連中にもうこのくらいでいいだろうとは言えなかった。そんなことを言ったら『あんたたちのそうした態度がムバーラクを延命させてきたのだ』と糾弾されるのは目に見えていたからね」と肩をすくめた。旧世代の大人たちは違和感があっても、正面切って青年たちに意見できなかった。正義と情、ポップスと演歌が交わることはなかったのだ。

そして、青年たちは政権を打倒した。青年も革命も、古くから残酷の代名詞だ。ましてや勝てば官軍だ。勝ち馬に乗ろうとするさもしい知識人たちは革命の最終段階で、デモ隊側に殺到したが、無名の生活者である少なからずの旧世代の人たちは深い沈黙に自らを閉ざしていくしかなかった。

ムバーラクが退陣した翌朝、前述のルブナ・イスマイールは「タハリールは昨晩、どうでしたか。広場にいた大勢の人たちは、本当にエジプト人でしたか」と聞いてきた。まだ信じられないという表情だった。いくらか涙目にもなっていた。

世代の断絶があった。しかし、その断絶という劇薬抜きには「一月二十五日革命」という奇跡は生まれなかっただろう。何かがこの世代間の断絶をもたらした。その正体はいったい何だったのか。それをタハリール広場で見た。

第四章　タハリール共和国

村祭りと化したタハリール広場

ホテルのあるナイル川の中州、ゲズィーラ（島）のザマーレク地区からタハリール広場に向かうには、七月二十六日通りの橋を渡り、ナイル川東岸を南下しなくてはならない。ムバーラク退陣の前日だった。通常ならタクシーで行くのだが、当局の規制で道が閉鎖されているので歩くしかない。日本で「外国人が襲われている」という報道を聞いてはいたが、「エジプト人は話せば分かるはずだ」という経験則を信じた。

橋を渡り、国営テレビ局に差しかかる手前で四人の兵士たちが検問していた。時計を見ると、午後五時。この時間から夜間外出禁止令が始まる。まずいなと思った。

「ウエルカム」

パスポートやら鞄《かばん》の中やらを見せ、その中にあった現地方式とは異なる日本の携帯電話の使い方まで説明させせられたあげく、返ってきた言葉がこれだった。外出禁止令はもはや有名無実になっていた。

高架を潜り、十年前とはバスターミナルの位置が変わっていた広場の入り口に着いた。

２月11日革命直後に群集であふれるタハリール広場
AFP＝時事

高架下と広場の中に数台の戦車がとまっている。その上に体操座りをしている兵士がいた。自動小銃を首から提げながらも、表情は穏やかだ。

広場入り口の道路は柵《さく》で閉鎖され、ようやく大人二人がすれ違えるほどの歩道だけが広場へ通じていた。長い列ができていて、ぎゅうぎゅう詰めなのだが、誰も文句を言わない。エジプト名物の横入りもない。気味が悪いほど行儀がいい。

傍らでは、エジプト軽食の代表格、コシャリの売り子がカップを手に声を張り上げている。コメとマカロニ、レンズ豆、焦がしタマネギなどのまぜご飯で、トマトソースをかけて食べる。これは温かくないとまずいので無視する。

入り口では、青年たちがグループごとに入場者の身分証と所持品をチェックしていた。私服警官やならず者が入り込まないように、と目を光らせている。五つのグループから同じようにチェックされた後、ようやく広場に入った。大小の横断幕が張られ、国旗が翻っている。ざっと、数万人はいるようだ。

第一印象は「ナイル川」だった。ナイルは遠眼からは優美だが、間近ではドブ臭い。タハリール広場も、報道では熱い戦場になっているが、現場は村祭りのようだった。

複数の演壇があり、中心部と端に泊まり込み部隊のテント村があった。それとは別にいくつかの救護所も設けられていた。戦車に寄りかかって休んでいる人たちがいる。兵士らを背景に、記念撮影する家族連れもいた。

スピーカーが街路灯に括《くく》り付けられ、そこから「受け入れられる憲法を！ 非常事態法の撤廃を！」というアジテーションが流れている。「殉教者の血がわれわれを見守っている」というスローガンが掲げられた演壇の前で、青年たちがシュプレヒコールを繰り返す。そのすぐ後ろには紅茶やポップコーンを売る急造の屋台があり、人が群がっていた。二月のカイロはまだ、夜になると冷えた。

人をかき分けて歩き回る。泊まり込んでいる人たちのために、無料の食糧配給所があった。袋にはパンやチーズが詰め込まれていた。政治集会のような人だかりが点在する一方、歌ったり、手をつないで踊っている集団もいる。突然、見知らぬ若者たちにつかまり、一緒にVサインのポーズで携帯写真を撮られた。

この数日前の汎アラブ紙『アッ＝シャルク・ル＝アウサト（中東）』で、エネルギーのあり余った青年たちが広場で駆けっこや馬跳びに興じているというルポを読んだ。結婚式を挙げたカップルまでいた。お祭りなのだ。その雰囲気はかつての東京・原宿のホコ天(歩行者天国)と似ていなくもない。

ふと、気づいた。フェイスブックの若者集団以外にも、野党勢力がいるはずだ。それなのに党派の横断幕を見かけない。

広場は緩くではあるが、組織的に運営されていた。「四月六日の青年たち」運動のメンバーの一人で学生のオマル・アフマド(十九歳)によれば、主要なグループの代表者たちが適宜集まる組織委員会があり、広場の防衛もそこで話し合われているとのことだった。

二月二日のムバーラク支持派との衝突でも、青年たちが捕まえた「捕虜」の扱いについて、広場のスピーカーからは「殴るな。組織委員会に渡せ。その後、軍に渡す。国際メディアが注目している。平和的な行いを」という呼びかけが繰り返された。

非日常的空間

それにしても、どうしてこんなに人が集まったのか。それを現場で聞いてみた。

大学卒業後、土産物屋で働いているというムハンマド・ハムシャリー(二十六歳)は

「一番の理由は経済だ。いまの安月給じゃ生活できない。社会の格差もひどい。そのうえ、政府は腐敗しきっている」とまくしたてた。しかし、そうした問題は過去にもあったはずだが、と聞き返すと、「たしかにそうだが、悪くなりすぎて、人々は立ち上がるしかなくなったのだ」と答えた。

スーパーの店員、アイマン・ラムズィー（三十一歳）は、「ラクダの戦い」の投石戦で頭部を負傷したという弟と、十日前から毎晩、仕事の後に駆けつけていると言った。三年間、兵役を務めたという経歴から推測すると、おそらく初等教育しか受けていない人だ。

「やはり経済問題が深刻だ。仕事があっても給料が安すぎるので、少しでもましなところにちょくちょく転職している」

弾圧が怖くはないのかと聞くと、「ずうっと怖かったよ。でも、戦車の上に軍の後輩の姿を見つけたので、命じられても絶対に撃つなと説教しておいた」と少し笑った。あごひげが伸びている。「勝つまで剃《そ》らないことに決めたんだ」

経済的な苦境への怒りは青年たちに共通していた。しかし、それだけで二週間以上も広場を占拠できるのだろうか。問いはやはりそこに向かう。それにこの明るさはいったい何なのか。そう悩んでいる筆者に「四月六日の青年たち」運動のアフマドは「このタハリールはわれわれの自由な土地なんだ。ここには自由を愛する人々が集まるのさ」と、気障《きざ》な台詞を投げてきた。

ただ、広場を歩き回るにつれ、それがまんざら言葉だけではないと実感してきた。広場はもはや、ただの抗議活動の場ではなかった。そこは「タハリール共和国」と名づけたいほどの非日常的な空間だった。

痴漢もスリも横入りもなし

「タハリール共和国」は、従来のエジプト社会と何もかもが違っていた。すべてが新しかった。それはこんな具合にだ。

広場には少なからぬ女性たちがいた。しかし、痴漢がいなかった。エジプト人の名誉を汚して申し訳ないが、カイロでは人込みに痴漢はつきものである。スーフィー（イスラーム神秘主義）教団のマウリド（預言者らの聖誕祭）のような神聖な祭事を見物に行っても、痴漢はいた。それなのにこれだけ人が密集しているタハリール広場で、その苦情がないというのは奇跡だった。

スリもいなかった。スリもまたカイロ名物だ。いないどころか、広場の一角には現金入りの財布などを台の上に並べている初老の男性がいた。銀行の職員で、ならず者集団との衝突や警察の拘束のどさくさで、財布や鞄を落とした人のために遺失物を管理し、公開しているのだという。衝突で殺された青年たちの遺族もときおり、遺品を探しに訪ねてくるとのことだった。

少しクラッとした。「遺族」という言葉の重みもさることながら、「ここは本当にカイロなのか」という戸惑いがわき上がってくる。この街では集団礼拝の際、イスラーム寺院の入り口で脱いだ履物が盗まれることは日常茶飯事だ。それをイスラーム地区の泥棒市場で見つけた、むかつくけど戻ってきてよかったなどという話を昔はよく聞いた。そのカイロで、現金入りの遺失物がきちんと管理されていた。

思い返せば、「怒りの金曜日」の夜、混乱に乗じて広場に隣接するエジプト考古学博物館に侵入しようとした泥棒たちがいた。その侵入を阻止するために、デモ隊の一部は自主的に「人間の鎖」で博物館を包囲した。ちなみにこの夜、与党のNDP本部は荒らされ放題だった。

広場に入ってくるときも、狭い歩道で家族連れには青年たちが道を譲っていた。空港のパスポートコントロールで、あるいは自動車許可証の更新で、われ先にと列に横入りすることが当たり前のカイロで、この光景は正直、異様にすら感じられた。

道徳改善運動の拡大

「ヘナ・アル＝マディーナ・ル＝ファーディラ（ここは美徳の街）」。二月十一日付のリベラル紙『アル＝マスリー・アル＝ヨーム（今日のエジプト人）』は、タハリール広場のルポにそう見出しを付けた。そのことを決定的に印象づけたのはムバーラク退陣の翌朝だった。投石のために砕かれた小石の転がる広場を人々が自主的に掃除していた。

再び、エジプト人にしかられそうだが、カイロで暮らしていた当時、下町の路地を歩くときには、頭上を気にしながら歩かなくてはならなかった。というのも、気を抜いていると、頭からごみを被りかねない。自分のうちを掃除し、集めたごみをしばしば窓から階下に捨てるのだ。「公衆道徳」という言葉はここでは通用しなかった。

タハリール広場を掃除する人々

広場の清掃も、最初はどこかの組織が動員したパフォーマンスにすぎないのだろうと疑っていた。しかし、ほうきやちり取りを手にしたごく普通の母娘が広場の横でタクシーから下りてくるのを見て、本物だと信じざるをえなくなった。この「道徳改善運動」はやがて広場をはみ出し、庶民街にも、交通ルールを守ろう、ゴミは捨てるな、といったポスターが張り出されるようになった。

一堂に会した多種多様な人々

「タハリール共和国」のもう一つの〝奇跡〟はそこに集った人たちの多様性だった。

若い女性たちが少なくなかった。活発そうなコプト教徒や欧米風のリベラルな女性たちなら分かる。そうではなく、広場にはヒジャーブを被ったごく普通のムスリマたちの姿が珍しくなかった。エジプト社会は保守的である。こうした女性たちがタハリール広場にたどりつくまでには、若い男性たちと同席することは好ましくないとか、女性に政治活動はふさわしくないといった何重もの圧力がかかっていたはずだ。それをはねのけて、彼女たちは参加していた。

なかでも、自らの呼びかけを動画にしてネット上に流したアスマー・マフフーズという女性は、一躍有名になった。動画の中で「自分は男だという人は皆、広場に行きましょう。そこまでやることはないという人にはこう言いたい。あなたこそが現在の状況の原因なのだと」と、男たちを大胆に挑発していた。

女性たちから離れた一角に、あごひげを伸ばしたガラベーヤ（男性が着る伝統的なワンピース）姿の急進的なイスラーム主義者（サラフィー）たちの一群を見つけた。リベラルな雰囲気に包まれた、かつ若い女性たちもいるような場所で、彼らの姿を目にしたのは初めてだった。おそらく、彼ら自身もその場の空気に戸惑っていたのだろう。困ったような表情

デモには女性の姿も多く見られた

を浮かべながら、しかし、広場の一角にしっかりと立っていた。

十字架のネックレスを首から提げたコプト教徒と、クルアーン（聖典コーラン）を抱えたムスリムが親しげに挨拶している光景も見た。話しかけると、ヤーセルと名乗るムスリムは「自由を求めることに、キリスト教徒とムスリムの間で隔たりはない」と厳かに語り、隣のコプト教徒のミッシェルがそれにうなずいた。

デモが始まってから五日目に北部のアレキサンドリアから来た学生と、三日前に南部のヌビア地方から初めてカイロを訪ねてきたという黒い肌のエジプト人は、隣同士のテントに泊まって食べ物を交換していた。

男性も女性も、髪をさらした女性も隠した女性も、リベラリストはもちろん、無神論のマルクス主義者も、ごりごりのイスラーム主義者も、南部の人も北部の人も、ムスリムもコプト教徒も、そうした普段は同席することがまれなさまざまなエジプト人が、広場には一堂に会していた。

英雄も指導者も不在という事実

エジプト人のアイデンティティー（属性）は何重にも重なっている。エジプト（人）という国籍、宗教、アラブ人などが代表的だが、その重要性の序列はひとりひとり異なっている。ただ、タハリール広場のエジプト人たちは、従来のそれらにこの「タハリール共和国」の住人というもう一つのアイデンティティーを加えていた。

広場には英雄も指導者もいなかった。それを求める雰囲気もなかった。これもアラブ世界では異例なことだ。

政権側によるリーダーたちの暗殺を防ぐためだったという解釈を聞いた。そうだったのかもしれない。デモの立役者になったワーイル・グネイムのような有名人はいた。しかし、そのグネイムも広場では「皆さんこそが英雄だ！」と、一歩引く姿勢をとっていた。

「民主主義より優れた英雄」。後進的と言われようが、英雄待望論はアラブ世界の業ともいえる性向だ。パレスチナ解放機構の議長だったヤーセル・アラファートも、イラクのサッダームも、晩年は冷静な情勢判断よりも、アラブの英雄ナーセルに自らの姿を重ねることに執着した。とりわけ、サッダームはイラク戦争の直前、プロパガンダの域を超えてパレスチナの大義に殉じようとした。たとえ死すとも、英雄になるにはそれが不可欠な条件だったからに違いない。

そして、サッダームが死んだとき、レバノン北部のトリポリ（トラーブロス）のビルの壁に彼の肖像の巨大な懸垂幕が下げられているのを見た。パレスチナ難民キャンプには、彼のポスターが至る所に張り巡らされた。それまでサッダームを「ファシスト」となじっていた人たちまでもが、彼の死を悼んだ。民衆も英雄を求めていた。

ところが、タハリール広場には英雄はいなかった。「四月六日の青年たち」運動のアフマドはあっさりこう言った。

「ナーセルはエジプトの誇りだ。しかし、この時代には遺物だ。彼は英雄だったが、同時にムバーラクに連なる独裁を招いた」

豪腕の英雄が不在でも、タハリール広場では「ムバーラクの即時退陣」という一点で共闘が実現されていた。これまでまとまるものもまとまらないのが、旧来のエジプトの反体制運動だった。野党は我執が強く、共闘は常に仲間割れに終わった。成果よりも、メンツとムダな自己主張に流される。それがこれまでの悪弊だった。

ところが、今回はリベラリスト、ナセリスト、共産主義者、イスラーム主義者、そして日ごろは非政治的である膨大な市民までもがスクラムを組んだ。しかし、党派色を鮮明にしているグループはいなかった。誰もがエジプト国旗を手にしていた。

日和見主義には迎合しない

ただ、この足並みが乱れた瞬間があった。二月上旬の野党と政府の対話である。このとき、青年たちは「奴（ムバーラク）が去るまで、われわれは去らない」「野党でも政党でもない。これは青年たちの革命だ」という横断幕を掲げた。

四回の逮捕歴のある共産主義者で、精神科医のアリー・シーシャーン（五十六歳）は、このときの青年たちの気持ちをこう代弁した。

「既成野党の指導者たちは、歴史から何も学んでいない。ムバーラクはかつて『汚職とは無縁な政府』だとか『大統領の再選は二回まで』と約束したことがあった。もちろんすぐに反故《ほご》にした。青年たちはそうした教訓を学んでいる。既成野党はこの機会を交渉（ムファーワダート）と呼んだが、スレイマーンはあくまで対話（ヒワール）と言っていた。危ういことこのうえない。青年たちはいつも口先だけの野党政治家たちの欺瞞《ぎまん》に飽き飽きしていたのだ」

青年たちは具体的な成果を求めていた。敵の土俵にのることを拒否していた。日和見《ひよりみ》主義に迎合しなかった。その意味で「タハリール共和国」はかたくなでもあった。

ちなみにムバーラク退陣の翌朝、新ワフド党の日刊紙『アル＝ワフド』は「新ワフド党は祖国の平静と安全を取り戻すよう提案する」「わが新党の創設メンバーは二十一年前から、青年革命を予測していた」とうそぶいていた。言い訳がましさは拭えなかった。

こうした「タハリール共和国」の空気や作法に魅せられて、人々は吸い寄せられるように広場へ集まってきた。

起爆剤となったフェイスブック

その集団が共和国にふさわしいだけの多様性や規模を抱えるまでには、青年たちの先行的な活躍があった。彼らがこの空間を切り開いた。その起爆力として、インターネット、とりわけ、SNSのフェイスブックが果たした役割は小さくない。同時にそれは伝達の道具にとどまらず、新たな文化を反体制運動に吹き込んだ。

グネイムが初めて自分のサイトを立ち上げたのは一九九八年である。彼はエジプトでのネット第一世代だが、当時、この国でのインターネットユーザーはまだ限られていた。だが、現在では青年の大半はフェイスブックに触れている。

先に今回のデモの呼びかけは「そもそもは良家の子女たち」から始まったと記した。彼らがパソコンを駆使するのは不思議ではない。ただ、日本でニュースを聞くたび、その呼びかけがパソコンを持っていないであろう貧しい階層の青年たちにまでどうやって広がったのか、が不思議でならなかった。

現地を歩いてみて、その答えが分かった。地元で「サイバー」と呼ばれているインターネットカフェの存在だった。

一九九〇年代後半にカイロで暮らしていた当時も、インターネットカフェはすでにあった。しかし、そのころはほんの数軒で、かつ料金は安くなかった。一時間で十エジプトポンド（当時、約三百円）はしたと思う。普通の青年たちが日常的に利用するには無理な価格だった。

ところが、その後、この「サイバー」はスラム街のインババ地区に至るまで増殖していった。今回、中流層が多く住むアグーザ地区にある一軒を訪ねた。カフェとは名ばかりで、お茶は出ない。半地下の薄暗い八畳ほどの一室に、使い込まれたパソコンが雑然と六台ほど並べてあった。

客は学齢期にさしかかるかどうか程度の幼い子どもたちから、二十代の青年たちまで。旧世代が訪れることはまずない。まだ、おそらく字が読めないであろう子どもたちはネットというより、コンピューターゲームに夢中なようだったが、青年たちは熱心にフェイスブックに書き込んでいた。

「サイバー」に集まる青年や子どもたち

肝心の料金だが、この店では一時間二エジプトポンド（約二十八円）。日本円に換算して、かつての十分の一程度に下がっていた。インフレを考えれば、もっと廉価になったといえるだろう。料金は地区や店によって違うそうで、最も安いクラスでは一時間一エジプトポンド程度の店もあると聞いた。これなら貧困層の青年たちにも利用できる。

「自分たちが十代から二十代前半のころは学校や仕事が終われば、仲間たちとつるんでサッカーをするか、繁華街で女の子をながめていた。いまの子たちは違う。学校が終わると、サイバーに直行するんだ」

ムハンマドと名乗る若い店主はそう説明した。いま、エジプトでは約六割がフェイスブックに接したことがあるといわれている。つまりは、非識字層を除いて、若者と旧世代の一部知識人らのすべてということになる。

フェイスブックのページは数限りなくあるが、大半は日常的な情報交換の場であり、気の合う者同士で、興味のある動画の交換やおしゃべりに興じている。もともと、カイロには深夜に見ず知らずの相手にわざと間違い電話をかけてくるような寂しがり屋が少なくない。SNSが流行《はや》る素地があった。そこでの人間関係は日本と同じで、リアルに対面する関係に比べれば希薄だ。薄いけれど、増殖のスピードははるかに速い。

エジプトに限らず、独裁国家は何かとネット規制に乗り出そうとする。触れられたくない情報を常に遮断する。しかし、SNSについては数が膨大であること、大半が普段は非政治的であることから、そう簡単には規制できない。強行した場合の反発は、通常のネット規制よりははるかに大きいだろう。

ノンポリでも、警官にはムカついている若者は少なくない。今回も青年たちは当初、「チュニジアでデモができたんだから、俺たちもやってみねえ？」といったお気軽なノリだったらしい。しかし、そうした若者同士が、SNS上の突然の呼びかけに反応してリーダーや組織がなくても蝟集《いしゅう》する。本質的にゲリラ性が濃い。そして、それはときに群集規模にまで拡大する。一月二十五日に予想を上回る若者たちが集まった現象はこうした好例だといえる。

IT化で開かれた「世界」

エジプトでのインターネットの普及は自然に生じたわけではない。二〇〇〇年以降、「スマート政府」を掲げるムバーラク政権は経済政策に沿って、学校でのIT教育に力を入れてきた。言い換えれば、上からのIT化が民衆革命のきっかけをつくったともいえる。自らの政策によって、皮肉にも独裁政権は足元をすくわれた。

フェイスブックなどSNSの存在は、もはや政治的にも看過できない。ムスリム同胞団の青年部までが「ムンタダー・シャバーブ・ル＝イフワーヌ・ル＝ムスリミーン」など複数のページを開設。革命直後には、軍までが「革命の起爆剤となった栄誉ある青年諸君に贈る」という巻頭言を掲げてページを立ち上げた。

ここで想起されるのがアルジェリアの例だ。この国では一九七〇年代、新たな国民統合の道具として、アラビア語教育と日曜から金曜への休日変更など、イスラーム化政策に力を注いだ。同国の旧世代は、旧宗主国の言語であるフランス語しか話せない人も多かった。ところが、アラビア語はイスラームの言葉である。このアラビア語教育などがイスラーム復興の流れに勢いを与え、その後、十数年にわたるイスラーム急進派と世俗政権の内戦を引き起こした。エジプトのＩＴ振興も、これとどこか似ていなくもない。

こうした独特の空間や力に加え、インターネットはそこにつながる人々の文化も変える。青年たちと旧世代の価値観の断絶も、インターネットが促進した側面がある。

今回のデモの過程では、先に政権を倒したチュニジアとエジプトの青年たちがネット上で情報交換する場面があった。「催涙ガスの対処として、コーラで目を洗うとよい」。実効性があるかどうかは別として、チュニジアの若者はエジプトの青年たちにそうしたアドバイスをした。

この両国の間だけでなく、アラブ世界の枠をも越えて、ネットは世界に開かれている。エジプトでも富裕階層の子弟にとっては、そこでの共通語である英語もそうは苦にならない。カイロ・アメリカン大学の学生たちなら、なおさらだろう。そして、彼らと一般の青年たちもまた、フェイスブックでつながっている。

生まれてこのかた大統領が代わらないような閉塞《へいそく》社会からの脱出を望む青年たちにとって、ネットを媒介とした「世界」はとても魅力的に映っていたはずだ。そして、インターネットは世界標準の価値基準にユーザーたちを近づける。

旧世代のアラブ標準、新世代の世界標準

こうした指向となじまないのが旧世代だ。

「(イラクの)サッダームは不良になった弟だ。しかし、不良でも(アラブという)家族の一員だ。家族のもめ事(イラクのクウェート侵攻)は家族内で解決する。米国というよそ者の警官に介入させてはならない」

二十年前の湾岸戦争のころ、カイロの街中で聞いた抵抗の論理はこれだった。現在は旧世代となった当時の青年や市民たちはこう訴えていた。この旧世代の思考は、言うまでもなくアラブ標準に根ざしている。その延長線上に「ムバーラクはゆるい独裁者」という感

覚が横たわる。

これとは対照的に、青年たちは世界標準を指向していた。それに従えば、ムバーラクは看過しがたい独裁者であり、その腐敗も極めて深刻だ。青年たちはアラブ標準ではなく、こちらの価値基準に立とうとしていた。同じ抵抗でも依拠する基準の違い。それが世代間の断絶を招いていた。

このようにフェイスブックがこの革命に貢献した意義は小さくない。しかし、その役割は革命の端緒を切り開いた段階で、ほぼ終えていたともいえる。当局のネット制限が厳しさを増して、ＳＮＳの機能自体も覚つかなくなっていた。ただ、逆にそのころから比較的若い市民や労働者たちが広場に集まってきた。

フェイスブックが火を放った叛乱はただの異議申し立てから創造に進んでいた。広場には「新しいエジプト人」たちが闊歩《かっぽ》していた。躍動感の源泉はなにより人としての主体性（尊厳）の回復である。行進の際の「イルファー・ラーシック・フォー・エンタ・マスリー（頭《こうべ》を上げろ、君はエジプト人だ）！」というシュプレヒコールにその気分は集約されていた。

自由と文化とスリルという魅力

たしかに経済的苦境はデモの素地になった。しかし、「タハリール共和国」が形成されるや、それは二次的な理由に後退していった。「アル＝カラーム・ファウク・ル＝ホブズ(パンよりも尊厳)」。そんな横断幕を目にした。

尊厳の回復は弾圧の恐怖を凌駕《りょうが》していく。マフムードと名乗る若いホテルマンは三日前から毎晩、広場に来ていると言った。

「最初は怖かった。後でどんな目に遭うかと思って。でも、この平和的な雰囲気を見てくれよ。ここにいると、勇気がわく。もう怖くなんかない。自分だけじゃない。怖いと思っていた気持ちが、ムバーラクの支配を許していたんだ。でも、もう変わったんだ」

貿易会社に勤めているというアッバース・サイード(三十三歳)は、数日前までは仕事の途中にこっそり広場を訪ねていた。「だって、ここにいると楽しいだろ。まるでサーカスを見に来ているみたいでさ」。やがて、勤務後も寄るようになったという。

広場には自由があった。新しい文化があった。世界のスポットライトを浴びているという華やかさもあった。その一方、仮にムバーラク側の逆襲があれば、その後の人生は暗転する。広場は運命共同体でもあった。見ず知らずの人も、その場では仲間だった。そして、その共同体に身を委ねるというスリルが広場をもっと輝かせていた。

その昔、日本で全共闘運動が華やかなりしころの大学のキャンパスもこうした風だったのだろうか。右翼が日本刀で襲撃してきた日大全共闘の有名な落書きを思い出す。

「生きてる／生きてる／生きている／バリケードという腹の中で／生きている／毎日自主講座という栄養をとり／〝友と語る〟という清涼飲料剤を飲み／毎日精力的に生きている」

（『増補　叛逆のバリケード』三一書房）

叛乱という非日常は古今東西、かくも魅力的なのだ。

子どもが広げたデモの輪

その非日常性には子どもたちも惹かれていた。広場では、顔にエジプト国旗の三色をペイントしている子どもたちの姿を多く見かけた。「革命の子どもたちは空腹や勉強と闘いつつ、デモをしている」。二月十二日付の『アル＝マスリー・アル＝ヨーム』紙は、Ｖサ

エジプト国旗を持ち、軍の戦車の上に座る子どもたち

インをする広場の子どもの写真とともに、こんな見出しを躍らせた。

父親に肩車された子ども、ちょろちょろ歩き回る子ども、そうした彼らの存在が参加者たちの気持ちを和ませていた。それにしても、どうしてこんなにもタハリール広場に子どもたちが集まってしまったのか。

テント村の住人のアブドゥルアジーズ（四十一歳）がこう説明してくれた。

「きっと最初にどこかの家族が子連れで来たんだ。すると、その子が近所の子どもたちにすごく面白かったと自慢する。言われた子どもはうらやましくなって、親に自分も連れて行ってくれとせがむ。そのうち、その親も広場が気になって見に行ってみたいと思う。それで金曜礼拝の後、子連れで広場をのぞきに来る。どんどんそうやって輪が広がっていったのさ」

アラブ人は子ども好きだ。デモ隊にはポーカーフェイスの兵士たちも、子どもが寄ってくると相好を崩す。仮に弾圧の命令が下ったとしても、子どもの前で発砲できるだろうか。子どもたちは、軍とデモ隊の緩衝材にもなっていた。

若い家族連れまでもが広場に集まってくるという光景は、デモ隊の青年たちにも予想外だったようだ。それ以上に子どもを介して、参加者が増えてくることなど、ムバーラクにはもっと想定外だったろう。

新しいエジプト人の誕生

青年たちの革命と呼ばれながらも、この叛乱は次第に青年という枠を越えて、ムバーラク政権と「タハリール共和国」の若き市民、労働者たちという攻防に発展しつつあった。

革命は「命を革《あらた》める」と書く。たしかにムバーラクの退陣後も軍政は布かれており、古典的に解釈すれば、それは革命とは言いがたいのかもしれない。せいぜい、政変だろう。

しかし、革命という文字はそれが権力闘争のみならず、民衆たちが昨日までとは違う価値観で生きることを指している。そうだとすれば、「新しいエジプト人たち」の培養器である「タハリール共和国」が現出した時点で、やはり「一月二十五日革命」は革命であったのだ。

しかし、この「共和国」が空想上の産物ではなく、反革命との攻防を不可避とする以上、その維持には文化を超える政治的、物理的な力が必要だった。その力は青年たちの鼻柱の強さや、素人の市民たちの躍動感だけでは補えない。革命を具現化するには、力のプロたちの下支えが不可欠だった。

そのプロたちは「新しいエジプト人」という呼び名にふさわしくない古典的とも呼ぶべき諸勢力だった。彼らは古い革命の教科書に出てくる常連だった。しかし、彼らも華々しい青年たちの活躍の舞台裏で、この革命の実現に自らの命運を賭けようとしていた。

第五章　下支えした既成勢力

ファフィーを支えているという自負

「最初は『ファフィー』たちじゃ、とても荷が重いと思っていた。ところがどうだい、彼らもなかなか根性があるじゃないか」

カイロ中心部からピラミッド方面に抜けるファイサル通りの一角で、大学講師を務めるムスリム同胞団シンパの旧知の男性に会った。当人の希望で名は伏せる。この周囲には庶民街が連なる。

「ファフィー」という単語の意味が分からない。「いや、アラビア語じゃない。金持ちのひ弱なボンボンといった感じ。デモを呼びかけた若い子たちを指すのさ」

男性の語り口に余裕があるのは、自分たちがスターの「ファフィー」たちを背後から支えているという自負からだった。

非合法のイスラーム主義組織、ムスリム同胞団（ジャマーア・ル＝イフワーヌ・ル＝ムスリミーン）はエジプト最大の反政府団体だ。デモが続くなか、日本でタハリール広場の映像を見ていても、彼らの姿が確認できず、何をしているのかと訝っていた。しかし、現地を訪れると、やはり彼らはいた。

タハリール広場に入る際、身分証やボディチェックがあったと記した。男性の入場者なら男性たちが対応するが、女性の体に男性が触れるわけにはいかない。そのため、女性向けにはヒジャーブ姿のおばさん軍団が待ち構えていた。彼女たちは実は同胞団の婦人部隊だった。広場の無料の食糧配給所でも、この婦人部隊の姿を見かけた。

広場にいくつもの臨時の救護所があるとも書いた。白衣の医師たちが駆け回っている。彼らの多くも同胞団員だった。同胞団は医師の職能組合（医師会）を握っている。組合事務総長のアブドゥルモネイム・アブ・フトゥーフは同胞団の幹部だ。

とりわけ、彼らが大忙しだったのは二月二日、ならず者たちが広場を襲撃した「ラクダの戦い」の日だった。死傷者が続出した。日本でこの報道に触れた際、私服警官まで加わった襲撃を武闘慣れしていない青年たちがよくしのげたものだ、と感心していた。

「あのとき、最前線で反撃していたのはシャバーブ・ル＝イフワーヌ・ル＝ムスリミーン（同胞団青年部）のメンバーたちでした」

広場を日々、観察していた支局助手のイサームが教えてくれた。なるほど同胞団の若者なら、大学や街頭で警官と衝突することに慣れているはずだ。

この襲撃の後、広場周辺で妙な動きがないか、あるいは警官の違法な介入がないか、と弁護士たちが警戒に加わった。弁護士の職能組合（弁護士会）の主導権を握っているのも同胞団である。つまり、タハリール広場には旗や横断幕こそなかったが、至る所に同胞団の目が光っていた。

しかし、一月二十五日にデモが始まった時点の同胞団の動きは鈍かった。いつもの慎重な姿勢だ。彼らが本格的に広場に入ってきたのは、二十八日の「怒りの金曜日」からである。この日、一気に広場の参加者数が増したのも、彼らの登場によるところが大きい。

その翌日、最高指導者のムハンマド・バディーウがデモへの支持と参加を正式表明したが、政府との和解に否定的な青年たちと同胞団の間には、まだ隔たりがあった。というのも、同胞団がデモと対政府交渉の二股《ふたまた》をかけていたためだ。二月六日には、一九五四年に同胞団が非合法化されて以来、初めて政府が同胞団と公式の交渉を持った。彼らが青年たちと一蓮托生《いちれんたくしょう》を決意したのは、青年たちが孤立のピンチから攻勢に回った九日になってのことだった。

こうした「慎重」とも「日和見」とも受けとれる姿勢について、市民の間では「いつもながら蛇のような人たち」「ファウダー（無政府状態、無秩序）を拡大し、それに乗じようとしているに違いない」といった不信の声が聞こえた。

ムスリム同胞団は「過激ではない」

海外での報道で「イスラム原理主義団体」と紹介され、どこか恐ろしげなイメージがあるムスリム同胞団だが、いったいどんな組織なのだろうか。簡潔におさらいしてみる。

まず、同胞団に限らず、「イスラム原理主義」という言葉は「穏健派」の対極として使われがちだ。しかし、この区分は誤りだ。原理主義という言葉は元来、西欧から逆輸入されたもので、イスラーム圏では偏見があるとして嫌われる。「世俗（非宗教）的ではない」という意味なのだろうが、イスラームには本質的に政教分離の考えがない。このため、敬《けい》虔《けん》な信徒は皆、原理主義者だといえる。

「原理主義」には「反米」「過激」というイメージも付随する。しかし、これにも誤解がある。同胞団はイスラーム主義とはいえるが、この言葉は「イスラーム法（シャリーア）

による統治」を求めるという意味であり、反米、反イスラエルといった外交政策の方向性とは、まったく別次元の問題だ。米国がエジプトでのイスラーム法の施行を支持するなら、同胞団などイスラーム主義組織は即座に親米を掲げるだろう。

過激かどうかの区分も、こうした外交姿勢とは無縁だ。その識別はアル＝カーイダのように、ムスリム同胞に対して「背教者」のレッテルを張り、爆弾テロなどの武力攻撃を仕掛けるか否か、が基準になる。その意味ではムスリム同胞団は過激ではない。

一般的な同胞団員の印象をいえば、彼らはあごひげを伸ばした「イスラーム主義者」然とした格好はしていない。貧しいメンバーもいなくはないだろうが、企業経営者やインテリも多く、公の場に出てくるときはスーツ姿が定番である。

国民の二割以上が支持

ムスリム同胞団は一九二八年、エジプト北部イスマイーリーヤで誕生した。創設者は小学校教諭のハッサン・アル＝バンナー。ちなみに孫のタリーク・ラマダーンは現在、英オックスフォード大学教授で、哲学者として活躍しており、異教徒同士の共生について発言を続けている。

当時のエジプトは親英王政下で、貧富の格差が広がり、西欧の価値観が社会を覆いつつあった。既成のイスラーム権威は支配者の英国にこびており、それに憤ったバンナーはイスラームの刷新と、その復興によるエジプトの独立と平等の実現を訴えた。同胞団は四〇年代には、五十万人を組織する大衆団体に成長。一九四八年の第一次中東戦争にもパレスチナへ義勇兵を送っている。

組織はイスラーム圏全体に広がった。イスラームには元来、近代の国境概念がない。現在もアラブ各国の与野党として、同胞団という名称ではないが活動している。有名な例では、パレスチナ・ガザ地区の自治を担っているハマースは同胞団のパレスチナ支部であり、スーダンの与党だった「民族イスラーム戦線（ＮＩＦ）」も同胞団である。しかし、国際指導部のような機関（国際同胞団）は有名無実になっている。

本家のエジプトでは、一九五二年のナーセルら自由将校団による革命前夜、同胞団は彼らに支援を惜しまなかった。後の大統領のサダトが一九四二年に当時の蔵相暗殺事件で逮捕された際、同胞団が残された家族に多額の援助を送り続けたエピソードはよく知られている。

だが、革命後、社会主義に傾くナーセルと次第に対立を深め、一九五四年一月には解散令が出された。その年の十月、配管工の同胞団員がナーセル狙撃事件を起こしたため、徹底した報復弾圧を受け、主要活動家はサウジアラビアなど海外へ逃亡した。

同胞団の幹部で、著書『道標（マアリム・フィ・ル＝タリーク）』において、「イスラームもウンマ（イスラーム共同体）もすでに地上から消滅」し、現代のエジプトは背教者に毒されたイスラーム誕生以前の「無明な状態（ジャーヒリーヤ）」であると説き、政権打倒の不可避性を理論化したイデオローグ、サイード・クトゥブも一九六六年に処刑されている。

しかし、一九六七年の第三次中東戦争でエジプトが惨敗し、このことが同胞団再生の契機となった。この敗北を「不信心だったため」と考える国民の風潮に乗じ、彼らは息を吹き返した。一九七〇年からのサダト政権下では、政権がもくろむ左派追い落としの尖兵《せんぺい》として奔走し、「禁止だが黙認」という形で政権との蜜月《みつげつ》を築いた。

後任のムバーラク政権下では、黙認と弾圧のジグザグをたどる。団員はこれまで無所属や他の合法政党に名義を借りて選挙に臨んできたが、一九八七年の総選挙では三十八議席を獲得したものの、その後の弾圧で議席ゼロへ。二〇〇五年には定数の約二割にあたる過去最高の八十八議席を獲得したが、二〇一〇年には決戦投票のボイコット戦術で再び一議席にまで減らした。

現在は要人暗殺など武装闘争は放棄し、医師会や弁護士会、議会などに浸透する戦略を重視している。一九九二年に警察が見つけた同胞団の秘密戦略文書には、現存する統治機構を徐々に掌握し、平和的に政権奪取するプロセスが描かれていた。

イランと違って、イスラーム法学者（お坊さん）主導ではなく、一般の信徒が組織の中核を担っている。バンナー自身が「イスラームの郷土をあらゆる外国勢力から解放すること」と説きつつ、もう一方で「エジプトのような祖国のために行動し、（中略）これはエジプトがイスラーム諸国における指導的国家だからである」と主張したようにナショナリズムの色合いが強いことなども同胞団の特徴だ。

強みであり、弱みでもあるのが、イデオロギー的に統一されていないという点だ。柔軟ともいえるが、いいかげんともいえる。現在、表向きは処刑されたクトゥブの急進的な理論を否定したとしているが、実際にはクトゥブの信奉者も少なくない。

同胞団は伝統的に無料の医療相談や貧困世帯への配給で、貧困層からの支持を集めてきた。与党を除けば、中央集権的な全国組織の体裁を整えられる政治組織は同胞団だけである。十二人の指導部（マクタブ・ル＝イルシャード）を頂点に、地方組織は国の行政単位をなぞって約三百地区に分けられ、一地区は末端からウスラ（家族）、アシーラ（一門）、ラフトゥ（集団）、カティーバ（大隊）、シュアバ（枝）とピラミッド状に築かれている。ウスラのレベルで数十万人の団員がいるとみられ、シンパを含めれば、国民の二割以上は同胞団を支持しているともいわれている。それだけに、同胞団が今回、デモの後ろ盾になったことの影響は極めて大きかった。

政権打倒の一翼となったエジプト人共産主義者

同胞団と同様、青年たちのデモを陰で支えたのが、独立系の労働組合だった。ここに属する労働者たちはどこか遠慮がちな風情で、演壇から離れた広場の隅に「変革と自由、社会的公正～○○工場労働者一同」などと記した横断幕を広げ、黙って座り込んでいた。

エジプトでは社会主義的なナーセル政権下で、労働運動も「国有化」され、官製のナショナルセンター（エジプト労働組合総連合会＝ＥＴＵＦ）が労働運動を支配してきた。しかし、二〇〇〇年代以降、新自由主義政策の弊害が顕在化するに伴い、御用組合の統制を打ち破った独立系労組が芽を吹き始めた。この経緯については、次章で詳しく検証してみたい。

労働運動の復権には、大半が旧世代に属するエジプト共産党（ＣＰＥ）系の活動家や小さな社会主義サークルのメンバーたち、既成政党である国民進歩統一党内のマルクス主義者たちがかかわっていた。ＣＰＥやその分派の力は同胞団と比べれば、はるかに小さいが、同様に非合法扱いであり、長い伝統を持っている。

エジプトの共産主義運動は一九二〇年代から始まったといわれる。党の権威は伝統的に弱く、分派騒動が絶えなかった。一九四六年にマルクス主義組織の民族解放労働者委員会（ＷＣＮＬ）が結成され、これを土台にＣＰＥが結成されるが、一九四七年には早くも分裂している。

当時はイラクの共産党同様、エジプトの共産主義運動もユダヤ人活動家が大きな役割を果たしていた。このため、一九四八年のイスラエル建国（第一次中東戦争）への態度をめぐって激しい論戦や対立があったといわれる。

それというのも、イスラエルそのものが当初、「労働シオニズム」と呼ばれる共同体建設運動など社会主義的な傾向を色濃く持っていたため、アラブのユダヤ人共産主義者たちはイスラエル建国に理想郷建設の夢を重ね、新天地に渡っていった。しかし、その夢はやがて霞《かす》んでいく。その長大な物語にはここでは触れない。

自由将校団による王政打倒（一九五二年）直後、CPEはナーセルとの協調路線を選ぶ。しかし、イラクでは一九五八年、アブドゥル・カリーム・カーセム将軍ら共産党系グループが王政を打倒するとともに、ナーセル主義者たちを弾圧したため、エジプトではナーセル政権がそれへの「報復」の意味を込めて共産主義者への圧力を強化した。

さらに冷戦構造下、国際共産主義運動の総本山であるソ連（当時）は、ナーセルの歓心を買うために「ナーセル政権下での社会主義は可能」という理由で、CPEに解散を促し、CPEはナーセル政権下の唯一の合法政党、アラブ社会主義連合に解消させられた。

その後、サダト政権下でCPEは再建されたが、合法政党の地位は得られなかった。かつてCPEに所属していたアリー・シーシャーンは「党はいまも三派ぐらいに分裂していて、自分の党員資格がどうなっているのかは、自分でも分からない」と苦笑した。ただ、党はどうであれ、一線の活動家たちは希望を捨てなかった。独立系労組の工作に精力的に取り組んできたという。

しかし、今回のデモでは彼らのシンボルマークである赤旗は見られなかった。その理由をシーシャーンはこう説明した。

「共産党は表面には出ないが、デモを下支えしている。でも、いまも党は非合法だ。下手に粋がって赤旗を振って、それをデモ弾圧の口実に利用されてはかなわない。僕たちも年を取り、少しは賢くなったということだ」

最初は独立系の少数派組合だけがデモに加わっていた。しかし、それに触発され、革命が大詰めを迎えた二月八日以降は、スエズ運河の運輸労働者六千人をはじめ、繊維、軍需、運輸、石油、セメント、鉄鋼、大学、病院、通信など、あらゆる分野の巨大労組が雪崩を打ってストに突入した。

力はあるが、これまで没政治的だったナショナルユニオン傘下の御用組合が政治的に目覚め、政権打倒を決定づける一翼を担った。

勝ち馬に乗りそびれた既成野党たち

ところで、他の合法政党である既成野党などのデモに対する姿勢はどうだったのか。マルクス主義者と左翼イスラーム主義者、ナーセル主義者らの混合体である国民進歩統一党は一月二十五日のデモを支持しなかった。王政時代の中心政党を引き継ぐ保守系の新ワフド党も態度を表明しなかった。

同胞団が支援し、一時は大統領選でムバーラクの対抗馬としての下馬評も立った国際原子力機関（ＩＡＥＡ）の第四代事務局長エルバラダイ（ムハンマド・アル＝バラーダイー）も当初は静観し、一歩遅れてデモに加わってきた。

その後、国民進歩統一党、新ワフド党とも対政府対話に積極的に関与し、青年たちとの溝を広げたことはすでに記した。つまり、革命的な情勢を自覚できず、改革路線に固執することで、勝ち馬に乗りそびれた。

同胞団とＣＰＥが裏方に徹した狙いは奇しくも共通している。前面に出ないことで、政権側にデモ隊への弾圧の口実を与えないことが一つ。なにより政権打倒後に合法政党としての地位を獲得することを最重要課題に据えていたためだ。同胞団は言うに及ばず、CPEにしても選挙になれば、一定の政治的地歩を得られるという目算があった。それまでは忍耐を重ね、「ファフィー」たちによる勝利を優先させようという計算だった。

実際、革命後の二月二十一日、同胞団の最高指導者バディーウは、新党の「ヒズブ・ル＝ホッリーヤ・ワ・ル＝アダーラ（自由と公正党）」の設立準備が最終段階に入ったと発表した（五月十八日に結党届を政府に提出）。また、最高行政裁判所は二月十九日、同胞団の分派で一九九〇年代から政党認可を却下され続けてきた「ヒズブ・ル＝ワサト（中道党）」を政党として正式認可した。CPEも三月十四日付で、公然活動の再開を宣言している。

揺れていたエジプト軍

ムスリム同胞団と共産主義者という歴戦の反体制のプロに加え、政権側の砦《とりで》であるエジプト軍も結果として青年たちに加勢した。ただ、あくまで「結果として」である。

エジプト社会で軍の信頼は高い。エジプト外務省の中堅幹部はその理由をこう話す。

「軍はエジプト社会の背骨だ。一九五二年の自由将校団の革命で真の独立を果たし、一九

国民に武力行使しないと宣言したものの、軍は最終局面まで揺れていた

七三年の第四次中東戦争での奇襲の勝利が国民のプライドを築いたからだ」

軍は陸海空と防空合わせて、総勢四十七万人。職業軍人のほか、選抜徴兵制で集められた男子により構成されている。十八歳から三十歳までの男兄弟がいない、もしくは当人が一家の唯一の扶養者である場合は兵役を免除されるが、それ以外の青年たちは、大卒が一年、高卒が二年、義務教育のみが三年の兵役を務めねばならない。

広場に集まった市民たちが示した警察と軍に対する反応は対照的だった。警察は蛇《だ》蝎《かつ》のごとく嫌われたが、広場では市民が戦車の兵士と記念撮影していた。エジプト憲法第一八〇条は「軍は人民に属する」と明記している。デモ参加者の一人で病院職員のアミール・イマード（二十九歳）は「軍は外敵との戦いが任務であり、国民には絶対発砲しない」と断言した。軍のフェイスブックの巻頭言にも「軍は愛する祖国の大地で発砲することはなかったし、これからもありえない」と書かれている。

しかし、本当にそうだろうか。「外敵」はいつでもつくれる。反体制側に「外敵と密通した攪乱《かくらん》分子」とレッテルを張る手法は、支配者側の常套《じょうとう》手段だ。ましてムバーラクはナーセルから連綿と続く軍の出身だし、治安機関と一体の副大統領スレイマーンも元は軍人だった。

民衆の希望は美しいが、どこの軍隊もリアリズムが生命線だ。「愛する祖国の……」という台詞すら算盤ずくである。共産党系活動家のシーシャーンは「軍が守ったのは民衆ではなく、自らの権益と政府の建物にすぎない」と言い切った。

この洞察はおそらく当たっていた。デモの過程でも、軍は最終局面まで揺れていた。出動して間もない一月三十日、広場の上空を空軍のF16戦闘機二機が低空飛行を繰り返した。これは明らかな威嚇《いかく》だった。翌日には「この偉大な国民に武力行使しない」と中立を宣言したが、二月二日の「ラクダの戦い」ではならず者たちを検問せずに広場へ通した。

軍内部での動揺もあった。友人からの話だが、ある空軍関係者はデモの終盤に「軍全体は青年たちに傾いているが、大統領警護隊はいまも慎重だ」とささやいたという。結局、軍が最終的に腹を固めたのは、大統領退陣の前日である十日、最高司令官のムバーラクを無視して軍最高評議会を開いた時点だった。

ムバーラクを裏切った三つの要因

では、なぜ、軍が自らの身内であったムバーラクを見限ったのか。そこにもリアリズムに徹した計算があった。ムバーラクは三十年間の統治の間に、自らの腹心たちを軍から次第に内務官僚、政権与党に移していた。この変節が生んだ両者の隙間が、軍により自由な選択を許したともいえる。

リアリズムの中身を考えると、そこには三つほどの要因が浮かぶ。一つは軍自体の権益の防衛、二つ目はキングメーカーとしての権威の維持、そして米国の圧力である。

エジプト軍は単なる武力集団ではない。エジプト経済の約三割をコントロール下に置くといわれる巨大な企業体でもある。下請け、孫請けまで数えれば、数千の企業を抱える。兵器は言うに及ばず、直営農場を含めた牛乳やパン、飲料水などの食品分野、道路や空港の建設業、電気製品や衣料品などの工業、ホテル経営など、その経営分野は幅広い。これらに加え、地方自治体幹部など天下り先には事欠かない。

軍の経済分野への進出はサダト時代のイスラエルとの和平締結後、一気に加速した。一九七三年の軍事的栄光が和平によって霞んでしまった分、当時のサダト政権としても軍の不満を抑えるためには、こうしたアメが欠かせなかったのだろう。

数々のレクリエーション施設や軍人特権のみならず、軍にはこうした独自の経済権益をムバーラクと心中することで手放したくはない、という根本的な理由があった。

二つ目に、ムバーラクの次男ガマールの後継問題は、ナーセルから代々、大統領を輩出してきた軍にとり、キングメーカーとしての権威を脅かす不安の種になっていた。

ガマールは軍歴のないビジネスエリートである。カイロ・アメリカン大学を卒業後、外資銀行（バンク・オブ・アメリカ）に入行し、その後、ロンドンで投資ファンドを設立、英国籍を取得（二重国籍）して帰国した。その後、政界入りし、与党ＮＤＰ内で市場原理主義を旗印にした「新体制派」と呼ばれる経済エリートの集団を形成した。二〇〇四年に誕生したアフマド・ナズィーフ内閣ではこの新世代派が主流になった。

さらに二〇〇七年の憲法改正による選挙制度の改悪により、与党NDPは二〇〇八年の地方選挙、二〇〇九年の諮問評議会選挙、二〇一〇年の人民議会選挙でいずれも議席をほぼ独占。これにより、ガマール後継のための地ならしはほぼ整っていた。

こうした状況は軍にとって歓迎すべき事態ではなかった。与党内の守旧派とはパイプを持っているものの、軍は新体制派とは縁がない。まして、新体制派の市場原理主義政策は、既存の軍の利権をも脅かしかねない。

こうした軍の不満を理解していたからこそ、ムバーラクはデモが拡大した一月二十八日に新体制派主流のナズィーフ内閣を解散し、軍出身のアフマド・シャフィークを新首相とする新内閣を組閣させた。軍の不満を緩和し、国民にも改革ポーズを示す一石二鳥の作戦だった。

しかし、それでも軍が最終的に青年たちを選んだ三つ目の理由は米国との紐帯《ちゅうたい》だ。エジプトへの年額約十五億ドルの米国援助のうち、軍事援助は十三億ドルを占め、これはエジプトの軍事費の約三分の一に当たる。しかもエジプト軍は日本の自衛隊同様、幹部たちは米国で訓練を受け、人的な交流も深い。

その米国の大統領オバマは二月一日、「政権の座にある者は人々の意思に従うべきだ」とムバーラクとの電話会談で退陣を促し、翌日には、国務次官補のフィリップ・クローリーが「エジプト社会は根本的に変化しつつあり、軍はその中で役割を果たしてほしい」と要望した。軍はこの後、退陣前日まで米国の圧力とムバーラクの意地の間で、事態をいかに軟着陸させるかに神経をとがらせていく。

「まさか同胞団と一緒になって闘うとは」

こうして、軍も含めた力のプロたちがそれぞれの意図、事情で青年たちの闘いを勝利まで見守った。しかし、そのことは青年たちの闘いを過小評価するものではない。見方を変えれば、彼らも青年たちが社会に与えたインパクトに引きずられたと言えるからだ。そして、青年たちの度量もまた大きかった。

本章冒頭の同胞団シンパの男性は「わが（エジプトの）家族たちよ。われわれに加われ」

という青年たちのスローガンを見て、デモへの参加を決意したと言った。独立系労組の一人は広場で「まさか（これまで犬猿の仲だった）同胞団と一緒になって闘うとは夢にも思わなかった」と苦笑いした。

「四月六日の青年たち」運動の一員であるオマル・アフマドは青年たちの基本姿勢をこう説いた。

「広場では、これまでどこの党派にいたとか、どこに属しているとかはあえて問わないという不文律があった。統一と団結を最優先するためだ。同胞団も共産党も民衆の一部であることに違いはない」

こうした姿勢に応えるように、二月十八日の勝利集会では、三十年ぶりにエジプトに帰国した同胞団の精神的指導者、ユースフ・アル＝カラダーウィー師（一九二六年生）が二十五分間のフトゥバ（説教）を行い、そのなかで「広場ではキリスト（コプト）教徒とムスリムが隣り合って立っていた。われわれは宗派主義に打ち勝った」とその協調を讃えた。

同胞団は革命後、次期大統領選で候補者を立てないこと、人民議会選挙でも過半数を獲得する意思のないことを表明した。その背景に同胞団への国民のアレルギーを少しでもやわらげたい意図があることは明らかだ。

しかし、同胞団は決して順風満帆ではない。むしろ、彼らの前には難問が山積されている。

例えば、デモに参加した青年の一人は「同胞団が権力を握ってしまったら、水着姿の女性を見られなくなる」と冗談半分に拒絶反応を示した。

同胞団は公にはイスラエルとの平和条約を尊重するとしている。しかし、国営イラン通信は二月二十日、同国を訪問中の同胞団の前報道官が「(和平条約の基になる)キャンプデービット合意は不正義で、パレスチナ人民の権利を無視しており、われわれはそのような合意を受け入れられない」と述べたと伝えた。

筋からいえば、同胞団パレスチナ支部のハマースが対イスラエル闘争を繰り広げるなかで、本家のエジプト同胞団がイスラエルとの平和条約を尊重するには無理がある。ただ、同胞団の便宜主義体質を考えれば、それも一時的に可としてしまうかもしれない。

加速する労働運動

憲法問題はより深刻だ。一九八〇年の改憲で、エジプト憲法には「シャリーアを主要な法源にする」と明記された。しかし、この項目にはかねてより世俗派やコプト教徒の反発が強かった。同胞団はイスラーム主義団体であり、「イスラームこそが解決」という基本理念を持つ。イスラーム主義の本質はシャリーアの施行の追求にこそある。この項目の改正問題は遅かれ早かれ、同胞団と青年たちが政治的に共闘しうるか否かの試金石になるだろう。

さらに同胞団は表向きソフトなイメージを強調しているが、二〇〇八年に暴露された政党綱領試案には「大統領職は男性ムスリムに限定する」「議会の諮問機関として、イスラーム法学者評議会を設定する」といった内容が記されていた。こうした方針に固執する限り、青年たちの目指す世俗的な社会との摩擦は不可避だ。

パレスチナ・ガザ地区を統治するハマースも、二〇〇六年一月のパレスチナ自治評議会(国会に相当)選挙前には、それまで自治政府が貫いてきた世俗主義的な原則を尊重すると約束していた。しかし、権力を握るや、男性美容師が女性に接客することを禁じたり、アルコールを提供するホテルを閉鎖した。こうしたイスラーム的制約の強制という事実をエジプト国民たちは知っている。警戒感が強いことは当然だろう。

ただ、筆者は中長期的にみて、ムスリム同胞団が脅威になるとは思えない。むしろ、ここ数年で芽生えてきた戦闘的な労働運動の成長が、今後の台風の目になると考えている。

そうした予測は、この「一月二十五日革命」を取り巻いた大きな歴史的な流れに根拠を持っている。その流れに従えば、労働運動は加速せざるをえない。そして、その流れが今回の革命が生まれた土壌をも運んできたと考察している。叛乱を呼び込んだ歴史の底流には、いったい何が流れていたのだろうか。

第六章　五十四年体制の崩壊

最大の要因「アウラマ」——グローバリゼーション

ムバーラク退陣から一夜明けた二月十二日午後、タラアト・ハルブ広場を再び訪ねてみた。

広場に面した野党「ガド党」の事務所前では、まだ浮かれた支持者たちが国旗を手に気勢を上げていた。立ち寄った書店「マドブーリー」では、常連らしい知識人風の男たちが、少し気だるそうに「いったい、これからどうなるんだい」といった調子でぽつりぽつりと言葉を交わしていた。

そこから歩いて三分ほどの茶房「ザフラ・ル＝ブスターン」をのぞいた。デモ疲れからか、ここにも気だるい雰囲気が漂っていた。

相席した税務署員のラーミー・フセイン（四十一歳）に雑談がてら、この革命の原動力はいったい何だったたと思うかと聞いた。彼はシーシャをくゆらせながら、こう答えた。

「僕の考えではワタニーヤ（愛国主義）とか、カウミーヤ（アラブ民族主義）とかは関係ない。最大の要因はアウラマだ。革命を呼び起こした情勢も、若い連中の発想もどちらもここに根がある」

「アウラマ」はアーラム（世界、宇宙）から転じた言葉で、グローバリゼーションを意味する。一般にグローバリゼーションとは、ヒト・モノ・カネ・情報の国境を越えた拡散であり、その質量両面での拡大と迅速化を指すのだろう。具体的には経済の自由化であったり、ＩＴ化による情報の共有もそうだ。

そうだろうな、とフセインに同意した。思い当たる節があったからだ。

五十四年体制の軋み

いささか唐突だが、日本にはかつて「五十五年体制」という言葉があった。一九五五年にそれぞれ合同と再統一で生まれた自民、社会両党が、その後の議会政治の基軸となった構造である。それは四十年弱続いた。

その日本に先立つこと一年前、エジプトでは「五十四年体制」とも呼ぶべき政治の枠組みが出現した。この年、ナーセル率いる革命政権はクーデターまでは「盟友」だったムスリム同胞団を非合法化。愛憎の振幅こそ日本とは違えども、以来、ムバーラクまで三代にわたる政権と同胞団などイスラーム反体制勢力の攻防が、エジプト政治の軸となった。

ところが、この数年、この仕組みに軋《きし》みがうかがえた。双方の力関係が変わったというわけではない。ともに巨大なグローバリゼーションという波を受けて揺れていたのだ。

まず、資本のグローバル化が政治を直撃していた。自由将校団の革命後、六〇年代にかけ、エジプトは社会主義化の道を歩む。具体的には民間企業の国有化であり、外資規制、教育の無償化、パンなど生活必需品への補助金が政策として具現化された。当時、そうした国は第三世界では珍しくなかった。

こうした政策は民衆の生活苦をぎりぎりのラインで救う統治上の生命線となった。しかし、これには巨額の財政赤字と対外債務というツケが付きまとう。それが一九七四年の「インフィターハ（経済の門戸開放）」政策の原因となった。

一九九一年には新自由主義政策も導入した。おなじみの貿易自由化、民営化推進、補助金撤廃といった市場原理主義政策である。一九九二年の改正小作法では、農民が代々享受してきた安い借地権を取り上げ、多くの農民が耕地を失い、その後のエジプトでの不動産バブルの下地をつくった。

しかし、「改革」のテンポは遅く、米国が主導する世界銀行、国際通貨基金（ＩＭＦ）の構造調整は捗《はかど》らなかった。それを一気に加速させたのが、ムバーラクの次男、ガマールだった。彼は二〇〇二年に与党ＮＤＰの政策評議会の事務局長に就任、政界デビューを果たすが、前年までロンドンで「メドインベスト・アソシエイツ社」という投資ファンド（プライベート・エクイティ・ファンド）を経営していた民営化のプロだった。

党内で同国最大の鉄鋼会社社長、アフマド・アッズらと「新体制派」をつくり、企業家や銀行家を積極的に登用した。この与党内新自由主義グループは、二〇〇四年からの「ガマールのための内閣」ともいわれたナズィーフ内閣で、エジプト版「小泉改革」ともいうべき経済改革を次々と断行した。

二〇〇四年には欧州連合（ＥＵ）と協定を締結し、段階的な関税撤廃を始めた。その結果、二〇〇七年七月から翌年八月までの対エジプト海外直接投資（ＦＤＩ）は、過去最高の百三十二億ドルを記録。補助金削減など財政支出の削減にも大なたを振るった。二〇一〇年の国内総生産（ＧＤＰ）は、二千百六十八億ドルと一九八〇年の約十倍に伸長した。二〇〇六年度以降は三年連続で七％台の高い経済成長を達成し、世界銀行はこれを絶賛した。

しかし、表向きの好況も、一皮むけば日本同様、貧富の格差に直結していた。例えば、十倍に膨らんだＧＤＰも一人当たりのＧＤＰでみると、半分の五倍に過ぎず、海外からの投資も天然ガスなどエネルギー開発部門に集中し、雇用に直結する製造業の育成には手をこまねいていた。民営化で浮いた利益も、結局は新体制派とその周辺のポケットに消えていった。さらに財政支出の削減は、ナーセル時代からのセーフティーネットをズタズタにした。

攻防の主役に伸長する独立系労組

人員削減を伴う民営化と生活苦は、徐々に官製の御用組合しかないエジプト人労働者たちの意識を刺激していった。ナーセルの社会主義的な路線の下、エジプトでは労働組合も政府に取り込まれ、ナショナルセンターから外れる独立系労組には合法性が認められてこなかった。それでも、少しずつその枠を打ち破った戦闘的な労働運動が芽生えていったのである。

例えば、民営化の対象になっていた北部マハッラ・アル＝クブラーのマスル国営紡績織維工場では二〇〇六年十二月、全労働者（二万六千人）が賃上げと福利厚生の改善を求めて六日間のストを決行した。この後、二〇〇七年に工場の一部労働者が御用組合から独立し、織維労働者同盟を結成した。

ほかにも、二〇〇七年十二月には固定資産税局の徴税職員たち五万五千人がストをし、翌年には「固定資産税局員独立労働組合連合」を設立。二〇一〇年にも医療技術者の独立系労組がつくられたと伝えられる。

米国のサブプライムローン危機が深刻化した二〇〇八年、労働者らの決起がうねりとなった。この年、エジプトでは消費者物価が二十%以上も跳ね上がった。年頭には世界的な食糧危機のあおりもあり、食用油が四十五%、パンと小麦価格は四十八%も値上がりした。ちなみに消費者物価の高騰は、その後も年率十%台と依然高いままに推移し、このインフレが今回の革命に加わった中流の若い生活者らを直撃している。

こうしたなか、前述したマハッラの国営織維工場では二〇〇八年二月、労働者たちが自分たちの賃上げや合理化反対に加えて、一九八四年以来、据え置かれたままの国が定める最低賃金（月三十五エジプトポンド）を千二百エジプトポンド（二百十二ドル）に引き上げるよう政府に要求。政府が拒否したため、四月六日に全国一斉のゼネストを呼びかけた。

この呼びかけに応え、ストに連帯し、当日は自宅から出ないようフェイスブックで訴えたのが、アフマド・マーヘルらを中心とする「四月六日の青年たち」運動の始まりである。このときは六万五千人が登録した。

マハッラのマスル国営紡績織維工場では官製組合の統制をはねのけ、数千人がストに参加。ナイルデルタのカフル・ダウワなど複数の織維工場でも数千人がストを決行し、数百人がデモをした。ほかにも、あるセメント工場では六割の労働者が一時間の就業拒否、ナイル川の運輸労働者も数百人規模で呼応し、カイロでは約二千人の学生が各大学の学内でデモをしたが、ゼネスト自体は不発に終わった。

しかし、この翌日、マハッラではストを扇動した容疑で逮捕された労働者らの釈放を求めて、約五万人が街頭に繰り出し、警官隊と衝突した。この衝突では三人が射殺され、約三百人が逮捕された。

ちなみに同国の人権団体「人権の礎《いしずえ》センター」によれば、一九九八年に百件にも満たなかった労働争議件数が、二〇〇八年には約六百件、二〇〇九年には七百件に達している。つまりは世銀、ＩＭＦの新自由主義的な経済改革を受け入れ、その後、社会格差の拡大から政情不安を呼び、暴動が絶えなかった約十年前の中南米と似た光景がアラブにも現出したのである。チュニジアでも対外債務が膨らみ、ＩＭＦの構造調整を強行したことが、ベン＝アリー政権の崩壊につながった。知人の大学教授は「ムバーラクはアッズ（前述のガマールと組んだ鉄鋼王）に引き回され、墓穴を掘った」と言い切った。

ただ、伝統的に左翼が強い中南米と違い、エジプトでの「政府対労働者」という対立構造は、少なくとも一九九〇年代に在住した筆者のような外国人には目新しく映った。意外だった。それまでも小規模の労働争議はあった。しかし、イスラーム主義勢力と政権の攻防を軸とする「五十四年体制」下では、それが権力闘争の舞台に上ることはなかった。

しかし、攻防の主役交代は時間の問題かもしれない。資本のグローバリゼーションの流れは止まらない。今回の革命で、新自由主義的な経済政策が変わるとは考えにくい。つまり、政府・資本と労働者の対立構造はそのままだ。現時点では、いまだ小さな力にすぎない独立系労組や左派勢力が今後、攻防の主役級に伸長する可能性は十分ある。

ムバーラク退陣後の二〇一一年三月には、教員独立労組や退職者組合も加えた独立系労組の初の横断組織である「エジプト独立労働組合連合（ＥＦＩＵ）」の結成大会がカイロで催された。

沈黙したイスラーム主義者たち

では、従来、エジプトの反体制運動の主役だったイスラーム主義者たち、とりわけ急進主義者たちは革命前夜、どうしていたのか。結論をいえば、昔日の影響力を失い、社会の片隅で沈黙していた。それどころか、体制派のイスラーム宗教界にすらグローバリゼーションが影を落としていた。

前章では、ムスリム同胞団について触れたが、一九八〇年代から九〇年代にかけての反政府運動の主役は「イスラーム集団」（七〇年代初頭に結成）や「ジハード団」（一九六八年ごろ結成）、その他、数多くの武闘派勢力だった。

彼らは同胞団とは違い、明確に政権打倒を意図していた。「イスラーム法を施行しない為政者は聖戦の対象となる」と説いた中世のイスラーム法学者、イブン・タイミーヤの思想を原点とし、一九八二年に処刑されたジハード団幹部、ムハンマド・ファラグは著作『隠された義務（アル＝ファリーダ・ル＝ガーイバ）』で、背教者とみなされる為政者への聖戦は信仰告白、巡礼、断食など五行と並ぶ信徒の義務であると説いた。イスラームでは背教は死罪に値する。彼らはサダトを背教者と認定（タクフィール）した。

加えて、もう一人の理論家、サイード・イマーム・アル＝シャリーフ（通称、ドクトール・ファドル）は「イスラーム共同体内部の不信仰な為政者への聖戦は（米国やイスラエルなど）外敵との闘いに優先される」と説き、「サダト政権と協調路線を歩む同胞団は背教の手先」とまで言い切った。

一九七九年に起きたイラン革命、ソ連のアフガニスタン侵攻といったイスラーム世界での一連の激動は、彼ら急進派勢力の跳躍台となった。ジハード団やイスラーム集団などが共闘した「ジハード連合」は一九八一年、サダト暗殺事件を起こす。同時に計画された同国南部での一斉蜂起こそ失敗したが、イスラーム集団は当時、すでに南部の一部に「解放区」を築いており、その後、カイロのスラム街であるインババ地区の一部でも事実上、イスラーム法を施行する国家内国家を現出させていた。

しかし、冷戦構造が崩壊し、対ソ連戦を演じていたイスラーム勢力の利用価値が西側諸国で下がり、逆に彼らが親米アラブ諸国内部の脅威に成長するや、エジプトでも九〇年代、政府は一気に弾圧を強化する。

追い詰められた一部の急進派勢力は、為政者に向けていた背教認定という劇薬の論理を民衆にも持ち込んだ。「ジハードを自ら担わない限り、背教者にすぎない」という論法だ。「われわれの側に立つのか、政府の犬か」という二者択一の論理と言い換えてもよい。過激派のファンにはなれても、自ら銃を持つのは荷が重過ぎると考えるのが民衆の性《さが》だ。この結果、民心は急進派勢力から離れていった。

意外と思われるかもしれないが、彼らに比べれば、その後、脚光を浴びたアル＝カーイダは当初、はるかに穏健だった。アル＝カーイダは「内敵（イスラーム諸国の為政者）」との闘いを放棄し、一見派手な戦闘を繰り広げつつも国家権力を獲得することとは程遠く、かつムスリム民衆に内省を迫らない「外敵（イスラエルや欧米諸国）」との戦闘に走った。

この分かりやすさから、イスラーム世界の民衆からは一時期、快哉《かいさい》を浴びた。しかし、イラクでの混乱の渦中、宗派の異なるムスリムたち（シーア派）に攻撃を仕掛けるや、同胞殺しを嫌う民衆に見捨てられた。

エジプトでは政府の弾圧に屈した「イスラーム集団」と「ジハード団」の二大組織はその後、「イスラーハ（改革）党」「シャリーア党」という合法政党へそれぞれ脱皮を試みた。政党認可は当然のように下りていない。その軌跡は当時、かつての暴力路線を放棄していた同胞団の足跡を周回遅れでたどっているようにも見えた。

彼らの社会的影響力は現在、皆無に等しい。知人の活動家は最近になってようやく出獄したが、世の中の激変に「メールの打ち方すら分からない」と戸惑っていた。

ジハード団の理論家だったドクトール・ファドルはすでにジハード路線を放棄し、冷蔵庫付きのトーラ刑務所の特別室で日々、かつての同志でアル＝カーイダのナンバー2（当時）に納まったアイマン・ザワーヒリーへの批判論文の執筆活動に励んでいる。ファドルからみれば、エジプトでの権力闘争から「逃げた」ザワーヒリーは卑怯者《ひきょうもの》にすぎない。

イスラーム集団の創設メンバーで、サダト暗殺事件に連座したカラーム・ズフディーは出獄後、孫と余生を送っている。米『ニューヨーカー』誌の取材に対し、「サダトは殉教者。彼が生きていれば、いまごろパレスチナ和平すら成就されていただろう」と、自身の転向を隠さなかった。つまり、一世を風靡《ふうび》したエジプトの旧イスラーム武闘派勢力の現状は完全な焼け野原なのだ。

グローバル化の波に飲まれた既存のイスラーム宗教界

しかし、こうした時代の推移は、政権に寄り添ってきたスンナ派の最高権威であるアズハルをも別の角度から揺さぶっている。

それは、これまでアズハルが背教、異端と名指ししてきたイスラームの一派を名乗る複数宗派の台頭である。代表格は「バハーイー」「カーディヤニーヤ（アフマディーヤ）」の両教団、「クルアニイーン」と称する潮流などだ。

バハーイー教団は十九世紀半ば、バーブ教を出自として、イラン人ミールザー・ホセイン・アリーが設立した。イランを追放され、現在の本部はなんとイスラエルにある。エジプトでは一九二四年に信仰が認められたものの、イスラームとは認知されず、一九六〇年には活動が禁止された。教義はジハードの概念を否定するなど、伝統的なイスラームとは縁遠く、アズハルは二〇〇三年に同宗派を「カーフィル（不信心者）」と断定している。

この教団が近年、世間の耳目を集めたのは宗教的帰属をめぐる訴訟だった。エジプトでは民法上の諸関係を宗教法に委ねている。このため、公的にムスリムと認められないバハーイー信徒は婚姻や出生証明、就学などで差別されてきた。ところが、二〇〇〇年代に入り、彼らは宗派の法的承認を求めて裁判活動に奔走。行政裁判所は二〇〇九年までに宗派としての承認こそ拒みつつも、市民的諸権利は保障するという「譲歩」を強いられた。

カーディヤニーヤ教団は十九世紀後半に英国統治下のインドで生まれた。「キリストの再来」を名乗るミルザ・グラム・アフマドが興したメシア（救世主）思想の一派だが、アズハルは「ムルハド（異端者）」と断じており、パキスタンやサウジアラビアでも非ムスリムとして扱われている。だが、欧米やアフリカなど百五十カ国に信徒がおり、独自の衛星放送も運営する金満教団だ。同派も近年、エジプトでの公的な宗教的地位を求め、司法への要求に活動を集中している。

クルアニイーンは八〇年代から、一部のエジプト知識人の間で広まってきた思想的潮流だ。米国在住のアフマド・シブヒー・マンスールやサアドディーン・イブラヒームらがメディアを通じて、欧米規範に則った人権や言論の自由を訴えている。彼らは通常のスンナ派ムスリムが尊重するハディース（預言者ムハンマドの言行録）やスンナ（同じく慣行）をも、クルアーンからの逸脱とみなす。アズハルは彼らを「ムルタッド（背教者）」と非難してきた。

いずれの教団や潮流にも共通するのは、その主張がジハードの否定など、欧米の価値観に則している点だ。加えて、その市民権獲得運動は実際に欧米諸国からの強い支持や援助を武器にしている。つまりは既存の体制的なイスラーム宗教界もまた、グローバル化の波に揺さぶられている状態だ。

これらの教団や潮流の信徒や支持者の数は、現時点では限定的ではあるが、アル＝アハラーム政治戦略研究所（政府系紙の付属シンクタンク）の『アラブ戦略レポート（二〇〇八〜〇九年版）』は「米国など西側諸国やその組織は、これらの問題（カーディヤニーヤ教団などによる市民権獲得運動）を口実にエジプトの内政に介入しており、そうした動きはシオニストの介入も招きかねない」と指摘し、強い警戒感を示している。

では、今回の革命で動向が注目されているムスリム同胞団はどうか。たしかにエジプト国内で、同胞団に匹敵する野党勢力はない。しかし、その内情は波乱含みだ。

同胞団はもともと幅広い福祉活動で、貧困層に根を張っている点が強みだった。だが、彼らは農地改革を含め、この間の政府の新自由主義政策を軒並み支持してきた。組織内でも、次第に新興の実業家らが幅を利かすようになっているという。同胞団の実態は資本のグローバリゼーションに苦しむ貧困層の代弁者というより、むしろリベラル右派的な色彩を強めている。最近では、信仰は二の次で、商売上の人脈欲しさから団員になるケースもあるという。

象徴的だったのは二〇〇八年のマハッラでの争議の際、同胞団がストに及び腰になり、労働者たちから突き上げられたことだ。「日和見主義の同胞団」という労働者らの冷たい視線は、組織内にかねてあった内向きの高齢の指導部と、戦闘的な中堅、若手活動家の摩擦を激化させた。

右往左往する体制の当事者たち

結局、日本における「五十五年体制」が水面下（例えば、国対政治）で、自社の談合に支えられていたことと同様、エジプトにおいての「五十四年体制」もまた、政権と急進派を含むイスラーム反体制勢力との絶妙なパワーバランスによって支えられてきた。

ところが、長く攻防を演じてきた双方の当事者がいま、グローバリゼーションの荒波に右往左往している。ムスリム同胞団が中長期的には脅威にはならず、現在はまだ萌芽状態の戦闘的な労働運動がエジプトの将来を左右しかねない、と考える根拠はこのグローバリゼーションにある。

こうした旧来の政治構造の揺らぎの間隙をぬって登場した「一月二十五日革命」の青年たちも、またグローバリゼーションの産物にほかならなかった。情報のグローバル化によって、旧来の「アラブ相場」から離れた世界基準に依拠する豊かな階層の青年たちのメッセージが、資本のグローバリゼーションに痛めつけられた圧倒的多数の中間層の青年たちにも伝播《でんぱ》し、革命に至る叛乱に火を付けた。

衛星テレビの影響

ソーシャル・ネットワーキング・サービスばかりが注目されがちだったが、市民レベルで実際に強力な役割を果たしたのは、むしろ衛星テレビだろう。衛星テレビによる情報のグローバル化はアル＝ジャジーラを皮切りに、一九九〇年代末ごろからエジプト社会でも進んできた。盗電や一つのアンテナからのたこ足的な分配が珍しくないエジプトでは現在、貧しい地区でも衛星テレビの視聴者は少なくない。

ちなみに衛星テレビの恩恵を一時期、最も授かったのはアル＝カーイダだった。人々は遠く離れたアフガニスタンやイラク、チェチェンでのムスリム同胞の悲惨な状況や戦場の模様を、衛星テレビを通じ、リアルタイムで受け取るようになった。この情報のグローバリゼーションに心を揺さぶられた一部の若者たちは、各地でアル＝カーイダのメッセージに共鳴し、戦闘行為に走った。

今回の革命で、政権側はまずインターネットを制限し、次にアル＝ジャジーラの衛星回線を切断した。国営テレビが平穏なナイル川の橋を映していたとき、アル＝ジャジーラはタハリール広場を固定カメラで映し続け、リポーターが拘束された後には、携帯電話でデモ参加者に直接、話をさせていた。

そのアル＝ジャジーラが視聴しにくくなっても、人々は別のサウジ系の衛星テレビ、アル＝アラビーヤを観た。こうした海外メディアは中立ではなかった。明らかにデモ隊の応援団だった。アル＝ジャジーラなどは「タハリール広場に二百万人」と報じ続けた。現場に行けば、その数字が一けた違うことは明白である。情報操作といってよい。しかし、それが政権を追い込んでいった。

デモ隊も海外メディア経由での情報戦を意識していた。タハリール広場には目につきやすい横断幕やプラカードが乱舞した。「マータアビナーシ、マータアビナーシ、アル＝ホッリーヤ・ミシュ・ビバラーシ（へばっていない、へばっていない、自由はただじゃない）」。こうしたエジプト方言の横断幕がエジプト人視聴者と広場との距離を縮めた。

政権側の情報制限という古い発想は、情報のグローバリゼーションという巨大な流れの前にはもはや無力だった。「ムバーラクはテレビを持っていない」。広場には逆にそう揶揄《やゆ》するプラカードまで登場した。

米国主導でもイスラーム中心主義でもない革命思想

攻める側も攻められる側も、情勢を形づくった資本の流れも、叛乱の武器となった情報も、いずれもグローバリゼーションとは無縁ではなかった。その奔流が「一月二十五日革命」の底には流れていたのだ。

しかし、一点、ここで留意しておかねばならないことがある。今日のグローバリゼーションは無色透明でも中立でもない。異なった文化や伝統、習慣などの多様性を認め合うようなグローバリゼーションはいまだない。

資本の自由化や人権思想は、あくまで米国が主導する西欧中心主義である。現代のグローバリゼーションには、その囲い込みという性格が色濃い。それに対抗しようと、メディア界ではアル＝ジャジーラが奮闘し、イスラーム主義者の青年たちもインターネットを駆使している。

二〇〇〇年代後半以降、イスラーム圏の各地で急進派の諸集団が相次いで「カリフ制の再興（イスラーム世界の再統一）」をスローガンに掲げ始めているのも、西欧中心のグローバリゼーションに抗《あらが》いつつ、イスラーム中心主義的なグローバリゼーションを希求する表れにみえる。

ただ、米国のグローバリゼーションが圧倒的に優位に立つ現状では「一月二十五日革命」も、その影響からは自由ではなかった。しかし、影響はコピーではない。この革命がいわゆる欧米風の民主化運動にすぎなかった、という意見に筆者は同意できない。

この革命はエジプトやアラブという国や地域では括りきれず、まして従来の米国型の民主主義という枠に納まっていなかった。その双方と重複する部分を抱えつつ、一方でその双方からはみ出していた。

そもそも、グローバリゼーションを米国主導に限定する必要はないのだ。十八日間のデモは米国主導でも、カリフ制再興を希求するイスラーム中心主義でもない、もう一つの隠されたグローバリゼーションを懐胎していたのではないか。

そのことをデモの中心メンバーたちが意識していたとは思えない。しかし、現場の青年たちはその新しい世界の流れと、そこに貫かれている流儀に固執しているように見えた。それは新しいグローバルな革命思想と呼んでもよいかもしれない。世界に吹き始めた新しい風がタハリール広場に流れ込んでいた。

第七章　新しい革命

ウィキリークス

「一月二十五日革命」が始まる二カ月ほど前、二〇一〇年十一月二十八日、世界は驚天動地の渦に放り込まれた。世界中の政治家やメディア関係者らはネットで配信されるニュースをむさぼるように読んでいた。

この日、「ウィキリークス（WikiLeaks）」所有の二十五万件に及ぶ米国の秘密外交公電が、英国の『ガーディアン』紙など五つのメディアを通じ、公開され始めた。

公電をウィキリークスに提供したのは、公開時点ですでに機密漏洩など複数の容疑で逮捕されていた二十二歳の米国陸軍上等兵ブラッドリー・マニングだった。マニングはイラクの米軍基地に情報分析官として配属中、秘密公電を入手した。なぜ、彼はそれをウィキリークスへ「リーク」したのか。

『ガーディアン』紙が出版した『*WikiLeaks: Inside Julian Assange's War on Secrecy*（邦訳『ウィキリークス　アサンジの戦争』講談社）』によれば、マニングはある日、警察に逮捕されたイラク人グループについて、情報収集するように命じられた。このグループは、イラクの首相でシーア派政党「アッ＝ダーワ」を率いるヌーリー・マーリキーの汚職についての告発文書を印刷したかどで捕まっていた。

調べると、グループの告発は道理にかなっていた。マニングは「逮捕は不当だ」と上官に報告するが、その報告は一蹴《いっしゅう》され、逆にイラク警察への一層の協力を指示される。このとき、マニングは米国が掲げるイラク戦争の建前が虚飾であり、自分自身もその不正義へ加担している一員だと痛感する。リークはそうした自分へのけじめだった。

このエピソードを革命の翌日、タハリール広場を黙々と掃除するエジプトの青年たちをながめながら思い出した。もうもうと土ぼこりが舞う。広場の先が見えない。土ぼこりの向こうには、どんな未来が浮かんでいるのか。この「一月二十五日革命」の意義とは何なのか。革命は何を倒したのか。前夜の祝祭の興奮を引きずりながら考え込んでいた。

過去の基準をもたない革命のその後

この革命はたいしたものではないのかもしれない。為政者を倒した。それは事実だ。しかし、そもそもは恵まれた階層の青年たちのありふれた正義感が事の始まりだった。パレスチナ解放といった大義すら掲げなかった。明日から、この地域や世界の何が変わるというのだろう。こうした疑念がつきまとう。

案外、この「たいしたものではない」が正解かもしれない。しかし、この叛乱の意義の分かりにくさが逆に引っかかる。分かりにくい、つまり、過去の革命のパターンやセオリーを適用しにくい。それは新しい何かがあるからではないか。だとすれば、この叛乱は世界を変える序曲かもしれない。無意味なのか、それとも新しい何かなのかの間を行きつ戻りつしながら、気持ちは次第に後者へ傾いていく。

彼らが倒したのはムバーラクだけではなかったのではないか。マルクス・レーニン主義に代表される前衛党を不可欠とする革命観や、ともすればアラブ民族主義までも打倒したのではないか。これはグローバル時代の新しい革命の萌芽ではないだろうか。妄想かもしれないと自戒しながら、次第にそんな「暴論」が頭の中で膨らんでいった。

「一月二十五日革命」をもう一度振り返った。十八日間のデモに前衛は不在だった。便宜的な組織委員会こそあったが、前衛に自らの命運を委ねるのではなく、個々人が参加を自己決定するデモという直接行動こそが彼らの生命線だった。手段はそのまま目的だった。彼らは意識せずとも、前衛の代行によって、意思のない個人に堕落することを拒んでいた。

革命理論や戦略もなければ、革命後の青写真もなかった。唯一、青年たちにあったのは倫理ともいうべき「タハリール共和国」の掟《おきて》だった。しかし、倫理にもプロテスタンティズムの倫理もあれば、イスラームのそれも、金持ちの、貧乏人のそれもあるだろう。「タハリール共和国」のそれは「盗みをするな」「ゴミを捨てるな」といった分かりやすく普遍的ではあるが、とても曖昧《あいまい》な倫理だった。けれども、それを否定的に評価すべきだろうか。

二十世紀にはロシアや中国、その他あまたのマルクス・レーニン主義を掲げた革命があった。イランではイスラーム革命が起きた。ただ、それらをいま成功した革命と評価するにはあまりにも無理がありすぎる。

共産主義者もイスラーム法学者たちも、政治権力を奪取した。しかし、そのいずれの革命にせよ、奪取後の政治権力は腐敗し、革命家たちは新たな抑圧者として民衆に君臨した。曖昧さは教条を排する。理論にがんじがらめになり、権威に足をすくわれることを回避する。教条的な理念や革命戦略はしばしば民衆の決起を阻害する。それを超えさせる曖昧さは、むしろ評価されるべきではないのか。

「青写真がない」という自由

革命後の青写真のなさは、革命後の無秩序を生み、反動に対しても無防備にすぎるといった批判もあるだろう。だが、青写真が革命前よりも酷い管理社会や恐怖政治を現出させたという例は、ウィキリークスのリーダー格であるアサンジが好きなソルジェニーツィンの告発やカンボジアのポル・ポト政権の例を見るまでもなく、歴史上数え切れないほどある。それらの多くをスターリン主義と一括して批判しても、その批判者にスターリニズムが宿らないという保証はない。

管理社会や恐怖政治は人々を萎縮《いしゅく》させる。懲罰を食らうまいと自己防衛に汲々《きゅうきゅう》とする。それは人々の自治や思考する力までをも奪う。革命前のエジプトに限らず、そうした傾向は程度の差こそあれ、世界の為政者たちが「テロとの戦い」を前面に押し出して以降、地球上に蔓延《まんえん》してきた。

エジプトの青年たちはそうした流れに叛旗を翻したのではないか。彼らは自由を掲げた。自分たちの頭で考え、行動する。そこでの曖昧さは考える自由を保障する。逆に革命の青写真は自由な試行錯誤を阻害しかねない。革命後に起きうる反動に対しても、繰り返し反逆し続ける覚悟さえあれば、それでよいのではないか。

広場の彼方を曇らせる土ぼこり、その不透明さこそが希望なのかもしれない。そう思えてきた。

従来の革命観を覆す新しいグローバルな革命観。資本や情報がグローバル化する時代に、革命がグローバリゼーションを受胎しても不思議ではない。「一月二十五日革命」は世界に芽生え始めた新しい革命の一部なのかもしれない。思考がそう進んでいく。

根拠はあった。二〇一〇年に世界を刮目させたウィキリークスとその年の暮れに始まったチュニジアのジャスミン革命、そしてエジプトの「一月二十五日革命」は一本の糸でつながっていた。比喩《ひゆ》ではない。チュニジアの青年たちにエジプトの青年たちは明らかに触発されていた。その前にウィキリークスとジャスミン革命も連動していたのだ。

ウィキリークスは米軍のアフガニスタン戦争とイラク戦争の両報告書に続き、米国の秘密外交公電を暴露した。この暴露については、これまでにすでに知られている内容が少なくないとして、過小評価する見方もあった。

しかし、そうした見方は皮相だといわねばならない。というのも、暴露された内容ではなく、公電の暴露という事実そのものが重要な意味を帯びるケースがあるからだ。ジャスミン革命はその好例だった。

この公開から約一カ月後、チュニジアで政権打倒のデモが始まった。暴露された公電の中には、在チュニジア米大使のロバート・ゴデックが二〇〇九年七月、本国に「チュニジアは政権内部の腐敗によって、今後、政権の安定が揺らぎかねない」と伝えていた報告があった。

大統領のベン＝アリーが国外脱出する前日の二〇一一年一月十三日、『ガーディアン』紙の電子版サイトに「サム」というペンネームでチュニジアの青年から一通のコメントが寄せられた。そこにはこう記されていた。

「腐敗と賄賂……僕らはただ、逃げたかった。フランスかカナダへの留学に応募し始める。それが小心なことであることは分かっていた。(中略)しかし、ウィキリークスが僕らのささやいていたことを暴露した。そして、一人の青年が焼身自殺し、二十人のチュニジア人が一日で殺された。そのとき、初めて僕らは『ロイヤル』ファミリーに報復するための叛乱の機会を知ったんだ（後略）」

「ささやいていたこと」は、チュニジア国内では秘密でも何でもなかった。でも、ウィキリークスの暴露はチュニジアの青年に内容以上の力を与えた。

それは自分たち以外の異世界の視点、あるいは世界標準からみても、目の前にある不正義はやはり不正義なのだと確認する儀式だったといってもよい。

不正義はいつの世にも、どこにでもある。しかし、子どものころから、世の中とはそうしたものと教え込まれていれば、それに唐突に反抗しようとは思わない。あるいは諦《あきら》めが先に立つ。その日常に決別するには儀式がいる。ジャスミン革命においては、外交公電の暴露がその役を担った。

もう一つ、この公電は青年たちに勇気を与えた。勇気は自分が孤立していないと自覚することで生まれる。自分たちが世界の片隅に捨てられた存在ではなく、世界という有機体の一部であること、その確認が希望に転化する。ウィキリークスは、その伝達者としての役も果たした。

民衆の決起を促した「人としての倫理」

それはエジプトの革命にも通じていた。ムバーラク退陣の前日、新聞を買おうと寄ったザマーレク地区の小さな書店で、店員のフセイン・ムスタファー（三十七歳）はこう言った。

「エジプトは変わらず、これからも変わりそうにもないのに、世界はどんどん変わっていく。エジプトの青年たちは、自分たちだけが取り残されていくことに焦っていたんだ。ところが、チュニジアの青年たちがその閉塞を破った。自分たちに呼びかけてくれた」

マニングのリークは、結果としてチュニジア革命の跳躍台を提供した。彼に革命の意図などなかっただろう。チュニジアの位置すら定かではなかったかもしれない。でも、このことは覚えておきたい。彼を行動に駆り立てたのは、革命理論とも、青写真とも無縁な、人としての倫理だった。

エジプトにおいては、その倫理が従来の民族主義的なアラブの大義や左翼、イスラーム主義者のドグマを打ち破り、民衆の決起を促す起爆剤となった。長年、革命の足を引っ張っていたのはむしろ、この大義や革命派の理屈だったのかもしれない。

一時代前の、あるいは旧世代のアラブ人たちが身を委ねていた正義を思い起こす。出会った人々のなかにはその後、イスラエルの爆撃で殺されたレバノン人運転手も含め、いまは亡き人が十指に余る。皆、善い人たちだった。しかし、青年たちの革命は彼らの「善意」をも容赦なく踏み越えていった。

一つの情景が浮かぶ。一九八七年、イスラエルと一触即発の状態にあったレバノン・ベカー高原で、パレスチナ解放人民戦線（ＰＦＬＰ）の前線基地を訪れた。世界は冷戦下にあり、まだ左派が革命勢力の中核だった時代だ。

レバノンは当時、内戦中だった。カーキ色の軍服をまとい、自動小銃を手にした二十歳そこそこの女性兵士が立哨《りっしょう》していた。可憐《かれん》などこにでもいるようなパレスチナ人の若い女性だった。ふと怖くはないか、と尋ねた。彼女は気負わず、こう答えた。

「たしかに明日にも、私は戦闘で死ぬかもしれない。しかし、私の命は私だけのものではなく、民族と世界の労働者階級の一部だと信じている。私の築いた小さな石を踏んで、次の世代が新たな闘いを始める。そうである以上、私の命は永遠に滅びない」

いささか模範解答に聞こえた。しかし、彼女は真剣だった。とりわけ、前線という場所では神々しい言葉が心にしみいる。彼女は民族解放の大義や、マルクス主義の物語が放つロマンティシズムに自らの運命を委ねていた。

別の情景が心をよぎる。それはアラブ世界での日常だ。人々は常に国際政治の不正義とアラブ世界の悲劇への憤りを口にしていた。一九九五年ごろ、レバノンへ侵入したイスラエル兵らがレバノン人抵抗勢力と交戦となって、殺害された事件があった。翌日、留学していたカイロ・アメリカン大学で、一人のエジプト人講師は教室に入るなり、興奮気味にこう話した。

「こんなことは本来、ここで言うべきではないのかもしれない。しかし、私は今日、喜びを禁じえないのだ。なぜなら、わがアラブの戦士たちが、イスラエルの侵略者どもに痛撃を与えたのだから」

9・11事件直後、アル＝カーイダの自爆犯の家族を取材するため、アラブ首長国連邦（UAE）を訪ねた。赤新月社《せきしんげっしゃ》（イスラーム圏の赤十字）の代表や首長国の王族たちは、公にはアル＝カーイダを非難していた。しかし、少しでもうち解けてくると、自爆犯たちをムスリムの誇りだと称賛した。

大義はもういらない

「イスラエルと米国こそが諸悪の根源」という台詞は、アラブ諸国の旧世代の間では挨拶代わりだった。その感情に異議はない。しかし、多くの場合、それを語る個々人に政治行動の意思はなかった。イスラエルに対する悪罵《あくば》は自慰行為の域を出なかった。

旧世代はずっとバスを待っていた。アラブ（パレスチナ）の大義を果たすバスはいつか来る。為政者たちの強権政治もそうした大義に比べれば、些末《さまつ》なことにすぎない。いつか輝かしい英雄が運転するバスが来るのだ……。

しかし、「一月二十五日革命」世代の青年たちはそうしたバスとは無縁な世代だった。ベカー高原で美しい任務に身を捧げていたPFLPの女性兵士の姿からも遠かった。彼らにとっては、英雄を待つ感傷も革命のロマンティシズムも、眼前の不正義を放置する倒錯でしかなかった。

大義は眼前の不正義を覆い隠し、お題目はいかなる手段も正当化する。為政者たちはアラブの大義を盾にしていた。十九世紀後半の西欧帝国主義諸国の植民地侵略は経済的な動機のみならず、ナショナリズムの高揚を推進力とした。それが国内の政治経済状況に対する民衆の不満をガス抜きすることに役だったからだ。アラブ民族主義もその革命を成就した後は、似たような役割を背負った。

この民族主義革命で生まれたシリアとイラクのバアス党政権、カダフィーのリビア、さらに一昔前のエジプトなどの政権では、どの為政者も「パレスチナの大義を果たすため」という決まり文句で、自国での強権政治を正当化した。そうした大義はもういらない。青年たちはそう考えていた。

ウィキリークスは閉ざされた目を見開いて現実を直視せよ、と鐘を打ち鳴らしながら世界に舞い降りた。アサンジはかつて、アフガンやイラクでの戦争告発に関連して、米『ニューヨーカー』誌のインタビューにこう語っている。

「完全に偏らない立場なんて、愚かなことだ。それは通りのほこりと（戦争で）殺される人の命を同じように扱うことじゃないか」

米国の「大義」と戦場の現実。大切なのは人の命が不当に奪われるという現実の重みだった。エジプトの青年たちも同じだった。

「眼前の不正義を壊せ」

青年たちの革命はひりひりするほど乾いていた。為政者たちの強権政治という現実から目を背けなかった。それがグローバリゼーション世代の革命だった。

葬られたアラブ民族主義

イスラエルとの緊張といった状況下で「自由」や「人権」などという贅沢《ぜいたく》は敵の攪乱に利用されるだけだという論理は、アラブ世界では弱くない。アラブの独裁者たちは、政権の反対派には容赦なく「イスラエルの手先」あるいは「イランの手先」というレッテルを張り、弾圧してきた。

客観的にはアル＝カーイダとて、こうした為政者たちと似たり寄ったりだった。イスラーム諸国内での為政者との闘いより、イスラエル、米国、欧州という外敵への戦闘を煽《あお》ることで、彼らはイスラーム圏内の政治的な諸矛盾を隠蔽《いんぺい》する片棒を担いでいた。

地域の親米反動王政の打倒やパレスチナの大義を目指した「統一と自由と社会主義」というアラブ民族主義の旗。若き日のアサド（シリアの先代大統領）も、サッダームも、カダフィーも、ムバーラクにせよ、そうした旗の下で翻身した日々があったはずだった。しかし、気がつけば、老いた彼ら自身が「王朝」の主となり、世襲に躍起になっていた。

青年たちが物心ついたときには、すでに王朝が存在していた。青年たちにとって、王朝の説く「必要悪」は、ただの悪だった。彼らの視線は目の前の不正義に注がれていた。「栄えある共和国」を支えているはずの警官たちが、悪徳警官を告発した青年を殴り殺し、路上販売で糊口をしのぐ青年を恐喝していた。

それらは人としての倫理に反していた。許してはならないことだった。それを見過ごす限り、アラブ世界に根強かった英雄待望論も社会主義革命のロマンティシズムも無意味でしかない。青年たちにとっては、大義を自らの慰めとし眼前の不正義を放置してきた旧世代の感傷も、断罪の対象にすぎなかった。

ムバーラクが打倒されたとき、その理由をイスラエルや米国と妥協的だったムバーラクの姿勢に求めた左派の知識人たちがいた。彼らは民衆が大義を裏切り続けたムバーラクを許さなかったのだと説いた。しかし、そうした解釈もムバーラクとともに足蹴《あしげ》にされた旧世代の感傷に等しい。

青年たちは虚飾にまみれたアラブ民族主義をも葬ったのだ。その証拠に、アラブ民族主義を政権党の党是とし、アラブ諸国のなかで最もイスラエルに対し、非妥協的な立場を堅持しているシリアにも「一月二十五日革命」は伝播し、各地で民衆が蜂起した。

リビアでは、青年たちが四十二年前にカダフィーが倒した旧王政の旗を振った。一見すれば、彼らは反革命である。しかし、この叛乱にそうした意味付与は余分である。叛旗を翻した民衆にとっては、あくまでカダフィーの不正義こそが問題だったのだ。

「空っぽ」だったアラブ世界

こうしたグローバリゼーション時代の新しい革命という波は、直前まで空っぽで闇《やみ》に包まれていたアラブ世界の変転という舞台に、倫理という燭台《しよくだい》を置いた。

「空っぽ」になるまでには経緯があった。ナーセルによる共和国革命があり、六〇年代後半からは、その共和国内部でのプロレタリア革命を目指すＰＦＬＰなど急進的な左派の進撃があった。この当時、フランス五月革命、米国での黒人解放闘争やベトナム反戦運動、チェコの「プラハの春」、日本の反戦全共闘運動など、世界各地を若者たちの異議申し立てが覆った。アラブも例外ではなかった。

しかし、そうした急進左派勢力も現実の兵站面《へいたんめん》ではソ連、東欧圏の支援に支えられており、一九八九年のベルリンの壁崩壊以降は、多くの組織が援助の途絶からメンバーに給料が払えなくなり、急速にその力を衰えさせていった。ＰＦＬＰにいた少なからずの友人たちもいまは組織を離れ、湾岸諸国での出稼ぎ労働に身をやつしている。その後、各国でイスラーム急進派が脚光を浴びるが、これも九〇年代末までに弾圧で瓦解していった。

他方、八〇年代半ばの米国のレーガノミクスや英国のサッチャリズムに代表される新自由主義はベルリンの壁崩壊後、一気に世界を覆い尽くした。煎《せん》じ詰めれば、ゼニカネと弱肉強食の論理である。しかし、人はそれだけでは生きられない。なぜ人は生きるのかという根源的な問いは、刹那《せつな》の加速だけでは振り切れない。人々は生きる価値を求めていた。

ネオコンとアル＝カーイダ

二〇〇〇年前後、そうした希求を餌《えさ》にする怪物たちが舞い降りた。その舞台はやはり中東だった。それからの十年間を振り返ると、「一月二十五日革命」の歴史的な必然性がぼんやりと浮かび上がってくる。

十年前に姿を現した怪物たちは、米ブッシュ政権を操作した政治思想集団ネオコンサバティブ（新保守主義派）と、終末戦争を現実にたぐり寄せようとしたキリスト教原理主義者たち、空想上のイスラーム共同体（ウンマ）から外敵に戦争を挑んだトランスナショナル・ジハーディスト（国境を超えたジハード主義者）であるアル＝カーイダといった剣呑《けんのん》な集団だった。

二〇〇一年の9・11事件からアフガニスタン、イラクの両戦争、さらに各地の大規模なテロ事件と、彼らは二十一世紀初頭の世界を硝煙に包み込んだ。

とりわけ、ネオコンとアル＝カーイダは争いながらもよく似ていた。両者とも大衆を信じない前衛を自負していた。神や正義に身を捧げる一握りのエリートが世界を導かなくてはならないと考えていた。

金銭や地位にも拘泥しなかった。野蛮を信奉した。アル＝カーイダのテロ攻撃は言うに及ばず、ネオコンの「先制攻撃戦略」も、早い話が「気にくわない奴は先に殴ってしまえ」という論理である。なにより、大きな物語を抱いていた。ネオコンは「中東民主化」を看板に、イスラエルを頂点とした中東の政治地図の塗り替えを意図し、アル＝カーイダの頭の中には「イスラーム帝国」が広がっていた。

彼らの台頭に国際社会はおののき、眉《まゆ》をひそめた。しかし、米国でもアラブ諸国でも少なからぬ民衆たちは一時期、彼らの無謀に酔った。ネオコンの代表的なイデオローグの一人、ロバート・ケーガンはエッセイ「力と弱さ」（二〇〇二年）の中でこう主張した。「強者（米国）と弱者（欧州）の世界観の違いは、いまやマルス（火星＝軍神）とヴィーナス（金星＝女神）ほどかけ離れてしまった。弱い欧州は国際機関による永遠の平和を唱えたカントの空想的な世界にこもり、米国はホッブズ流の〝万人の万人に対する戦い〟という現実世界で戦っている」

しかし、前衛たちは万能ではなかった。稚拙《ちせつ》な情勢の読み間違いがあり、なにより民衆は流血の痛みに耐えかねていた。戦争に取りつかれていた集団は後退し、世界を覆っていた大きな物語も霞んだ。舞台は暗転する。だが、次の時代を切り開く羅針盤には何も映らない。9・11事件から約五年後、主役たちがずり落ちた舞台の中央は「空っぽ」だった。それでも、余波があった。大きな物語こそ消えていったが、中東では既成秩序を遠慮会釈なく破壊する彼らのカタルシスだけは引き継がれていった。若いならず者たちの台頭である。二〇〇〇年代の半ばに起きたイラクやパレスチナ自治区での内部抗争の主人公は、彼らだった。

イラクでの抗争の主役は、シーア派のムクタダー・サドル率いる「マフディー（救世主）軍」であり、彼らは米軍のみならず、同じシーア派の有力グループも襲った。その構成員の大半は貧しい青年たちであり、宗教的スローガンを掲げながらもさほど宗教的でなく、世俗主義の前政権党（バアス党）の下部党員たちもいた。

戦乱で混乱したイラク社会では、新たに権力を握った宗派の有力グループや閨閥《けいばつ》のコネが幅をきかせていた。しかし、それを持たない貧しい青年たちには、そうした古い秩序は桎梏《しっこく》でしかなかった。エリート然とした連中は敵だった。彼らは遠慮なく伝統的な権力構造に銃口を向けた。

既成秩序の破壊で終わったイラクやガザ

パレスチナのガザ地区でも、こうした伝統的な社会構造が破壊されていった。内ゲバは二〇〇七年、PLO主流派ファタハ幹部で治安予防部隊の長官だったムハンマド・ダハラーン率いる一派と、二〇〇六年の総選挙で第一党となったハマースの間で勃発した。ここでも、主役は貧しい若者たちだった。

パレスチナ社会も他のアラブ諸国同様、保守的であり、従来は名家の出自や海外留学といった箔《はく》付《づ》けが特権階層への階段だった。しかし、ダハラーンも、ハマースの指導者でガザの自治政府の首相に就任したイスマイール・ハニーヤも貧しい難民キャンプの出身だった。

そのダハラーンのもとには、地域の下層の密輸犯罪集団や突っ張った風体の若者たちが集まり、ハマースの側にはきまじめというべきか、教条的な青年たちが加わった。

イスラエルによるガザ地区の封鎖は、そこで生きる青年たちの未来も閉ざしていた。一九九〇年代前半のパレスチナ和平に心躍らせた旧世代の権威は地に落ちていた。軍事的な解放も非現実的だった。そうしたなか、保守的なアラブ社会では絶対的ともいうべき親の言葉を無視する若者たちが登場した。いらだちをぶちまけるような彼らの奔放な暴力を前に、ガザを訪れた筆者の歓迎会を開いてくれた大学人たちは「われわれがここで何を論じようとも、連中は五分でガザを焦土に化してしまう」と無力感を口にした。

当時、イラクでもガザでも旧世代の知人たちと会話していると、彼らは「ファウダー（無秩序）」への懸念を必ず口にした。貧しい青年たちは既成秩序を破壊して回った。革命には破壊はつきものである。しかし、彼らが陶酔していたのは破壊だけだった。空っぽの世界で空っぽの心を抱いて暴れ回り、それが無秩序な風景を広げていった。二〇〇〇年代後半のアラブ世界は茫洋《ぼうよう》とした荒れ地だった。

これは「アナキズム」か？

エジプトでも今回のデモの渦中、イラクやガザ地区と同様に「ファウダー」を恐れる声が上がった。しかし、エジプトの青年たちは既成秩序の破壊だけを残したイラクやガザの青年たちとは違っていた。

彼らは破壊の空隙《くうげき》に「〇〇主義」ではなく、倫理を吹き込んだ。ウィキリークス、チュニジア、エジプトを貫く新たなグローバルな叛乱の特徴はここにある。大きな物語を抱いたネオコン、トランスナショナル・ジハーディストたちが去った後、空っぽな舞台を埋めたのは別の物語ではなく、倫理という普遍的な価値だった。

もちろん、倫理だけなら単なる修養運動に終わってしまい、現実の政治は回せない。政治は通常、理念や方針というオブラートを求める。倫理だけでは政治的安定は導けない。そのうえ、革命にはその後の揺り返しがつきものである。

倫理の観念性や現実政治に対する無力さを冷笑することはたやすい。倫理の重視を安く買い叩く理屈は限りなくあるだろう。しかし、政治的不安定も反動も覚悟さえしておけばよい。大切なのは、そのうえで革命（あるいは革命精神）を防衛する手段があるのかどうかだ。あるのだ。それは反動を永続的に覆す永遠の叛逆である。それを「永続革命」と呼んでもいい。

ただ、「永続革命」と記したものの、そもそもエジプトの青年たちは革命家ではなかった。青年たちは政権打倒を目指してはいたが、権力の奪取を語らなかった。彼らが欲したのは支配と抑圧への叛逆である。青年たちはどこまでもアナーキーだった。

アナキズム（無政府主義）は革命思想か、という本源的な問いがある。革命を現実の権力闘争と結び付ければ、その答えは否定的だ。なぜなら、「あらゆる政治権力は必然的に堕落する」という考えがそこには貫かれているからだ。アナキストはどこまでも権力を否定し、自然の秩序を求める。それ自体は文学的な理想にすぎないのかもしれない。頑迷なレーニン主義者なら、青写真をもたずに「眼前の不正義」に固執する青年たちの闘いを「自然発生性への拝跪《はいき》」などと、上から目線でくさすだろう。

しかし、アナキズムの神髄はその現実の結果よりも、永遠の叛逆という個人の生き方に宿っている。価値を置く皿がそもそも違うのだ。

金子文子の言う「真の仕事」

革命前夜、広場では次の大統領候補について、あちこちで議論の輪ができていた。前出の土産物屋の店員、ムハンマド・ハムシャリーは「（次の大統領は）副大統領（当時）のスレイマーンだって、かまいやしない」と言った。

しかし、スレイマーンではムバーラクと同じではないかと反論すると、彼はあっさりこう言った。

「奴が変わらなければ、また僕たちがデモをすればいいのさ」

既成の権力に代わる新たな権力や政策の代案を創るよりも、眼前の倫理に反する権力に対し、ひたすら叛逆し続けること。そうした生き方に価値を置くこと。青年たちの精神はアナキストのそれだった。

ハムシャリーの台詞は、戦前の日本における叛逆者の一人、金子文子を想起させた。一九二六年、大逆罪に連座して、獄中で二十三歳の短い生涯を終えた女性アナキストである。彼女の自伝『何が私をかうさせたか』(黒色戦線社復刻版)には、こんな一節がある。

「たとひ私達が社会に理想を持てないとしても、私達自身には私達自身の真の仕事と云ふものがあり得ると考へたことだ。それが成就しようとしまいと私達の関したことではない。私達はたゞこれが真の仕事だと思ふことをすればよい。それが、さう云ふ仕事をする事が、私達自身の真の生活である。

私はそれを仕度《した》い。それをする事によつて、私達の生活が今直ちに私達と一緒にある。

遠い彼方に理想の目標をおくやうなものではない」

この世界には、もはや輝かしい物語などない。出発点は砂漠である。金子の「真の仕事」と、エジプトの青年たちの叛逆が重なって見える。叛逆は誠実さを貫くことだ。そこに尊厳が生まれる。「タハリール共和国」には金子の言う「真の仕事」があったのではないか。

保証のある革命などない

その共和国は政権打倒の一点だけを掲げ、イスラーム主義者も共産主義者も包摂してしまった。それでも、広場に集った人々は闘う仲間という信頼で結ばれていた。仲間の多様性は相互の主導権争いには向かわず、お互いの視野を開いた。その空間の中で誰に指導されることもなく、人々は自ら思考する自分自身を取り戻し、そうした人々によって空間の秩序は自然に形づくられていた。

かつてロシアの著名なアナキスト、ミハイル・バクーニンはこう説いた。

「どんな独裁も自己を永久化する以外の目的をもちえないし、独裁はそれにあまんずる人民のなかに奴隷制を生みだし、育てることしかできないのだと主張する。自由は自由によってのみ、すなわち全人民の蜂起と下から上への労働大衆の自由な組織によってのみ、つくりだすことができるのだ」（左近毅訳『国家制度とアナーキー』白水社）

「タハリール共和国」の形成と秩序にも筆者はアナキズムの影を見る。

ウィキリークスのアサンジも、こうした精神に連なる人物なのだろう。彼は前出の『ニューヨーカー』誌とのインタビューで、「真実や創造性、愛、あわれみは制度化した階層や御用ネットワークによって腐敗する」「現代の闘いは右派と左派のそれでも、信仰と論理でもなく、個人と組織の闘いなのだ」と語っている。

資本や情報のグローバリゼーションが「一月二十五日革命」の土壌を準備したとするならば、革命の主体もまたアナキズムを懐胎した「革命のグローバリゼーション」から生まれたのではないか。タハリール広場の喧噪をながめながら、そんな思いに駆られた。

ただ、哀しいことだが、いつの時代も革命の熱狂は一過性である。熱狂の後、長く意思的で主体的な生を営むには膨大なエネルギーがいる。市民の多くが、永遠の叛逆に耐えうる保証はどこにもない。

そもそもアナキズムはあらゆるヒエラルキーの根絶を目指す。そこには、この地域で無視できない力をもつ宗教的権威も含まれる。さらに戦闘的な労働運動に明日を見いだそうとする共産主義者たちのイズムとアナーキーな青年たちの情念がいずれ摩擦を生じる可能性も否定できない。それゆえ、「一月二十五日革命」を評価するのはまだ早すぎるのかもしれない。

もし希望らしきものがあるとすれば、それは黙々と広場の掃除を続ける青年、市民たちの姿にあるのだろう。革命という祝祭の後に、こんなにも地味な光景は予想しなかった。彼らは旧世代の革命家たちが思いも及ばない行為を淡々とこなしていた。それを支えていたのは倫理だった。

徹底した悲観主義の砂漠に咲いたアナーキーな楽天主義という一輪の花。ひとつだけ確かなことは保証のある革命など、これまで歴史上なかったということだ。到達点は出発点でもある。エジプトの青年たちは従来の革命とはまったく異なる地平で、誰も見たことのない世界に向けて走り始めていた。

第八章　青ざめる米国

子飼いの独裁者を失った米国

「米国が何をどうしたいのか、さっぱり分からない」。雑談していた知人のエジプト外務省の職員はそう言って、口をへの字にして眉を上げてみせた。

今回の「一月二十五日革命」とその前後のアラブ諸国での反政府デモに最も戸惑い、動揺しているのは米国に違いない。民衆デモの火の手は「反米」「親米」の区別なく、アラブ各国で上がっている。結果として、その嵐は米国に追随してきたチュニジア、エジプトの独裁政権を葬ってしまった。米国は依然として、中東で最も影響力を持つプレイヤーではあるが、その存在感は著しく凋落《ちょうらく》している。

表面的には打撃はないように見える。エジプトの場合、タハリール広場に反米スローガンは掲げられず、ムバーラク政権崩壊後も親米的な軍が状況を抑えている。ムスリム同胞団も、公にはイスラエルとの平和条約への支持を表明した。イスラエルの安全保障、原油の安定供給、イスラーム過激派の封じ込めという米国の中東政策の三本柱は一見、革命後も損なわれてはいない。

しかし、使い勝手のよい子飼いの独裁者を喪失したダメージは今後、じわじわとにじみ出てくるだろう。例えば、これまでは米国の対テロ特殊機関が捕まえたイスラーム過激派をエジプトにこっそり移送し、ムバーラク傘下の治安機関で拷問にかけるような秘密工作が横行していた。しかし、これからは是々非々になる。こうした無茶はまかり通らなくなるだろう。

混乱ぶりを露呈したオバマ政権

「一月二十五日革命」への米国の対応は、ジグザグと後追いの連続だった。当初、国務長官のクリントンは「エジプト政府は安定している」と楽観した。一月二十八日の暴動直後、ムバーラクが全閣僚の辞任を発表した時点でも、オバマは「よりよい民主主義と経済状況が約束された」とムバーラク支持を表明した。

事態の深刻さを把握し、オバマが「人々の意思に従うべきだ」とムバーラクに伝えたのは、エジプト軍が中立宣言をした翌日の二月一日。ところが、ここでもオバマ政権の混乱ぶりが浮き彫りになる。この日、元駐エジプト大使でムバーラクへの特使を務めたフランク・ウィズナーがオバマの意に反し、「約束した憲法改正が実現するまで、ムバーラクは政権に残るべきだ」と発言したからだ。

オバマ側はあわてて「これは特使の個人的発言だ」と否定に躍起になった。この直後、ウィズナーが米国のバットン・ボグス法律事務所でムバーラク政権の欧米での訴訟、仲裁に携わっていることがメディアに暴露され、オバマの人選に厳しい批判が浴びせられた。

アラブ世界と米国の関係

米国とエジプトの親密な関係は、一九七三年の第四次中東戦争まで遡る。この戦争の仲裁、調停に米国の力が不可欠だと判断したサダトは、ナーセル時代の親ソ路線から大きくかじを切って、米国へ接近した。以来、米国が仲介したイスラエルとの平和条約や、湾岸戦争で米国が主導した多国籍軍へのエジプト軍の参加といった経緯をたどって四十年弱。ところが、ここに来て両国関係に隠しきれないひび割れが浮かび上がってきた。

先の知人の外務省職員はこう不信を露《あら》わにした。

「この十年を振り返っても、イラク戦争は明らかに失敗。パレスチナ和平もまったくうまくいっていない。米国は果たして、この地域を本当に理解できているのだろうか」

チュニジア、エジプトでの革命後も、米国はアラブ各地でのデモに対し、苦しい対応を強いられていた。

例えば、イエメン。南北イエメンに分裂していた当時の一九七八年、北イエメン大統領に就任し、南北統一後も大統領の座に君臨するアリー・アブドゥッラー・サーレハの独裁政権は、デモと叛乱で崩壊寸前（二〇一一年五月現在）だ。しかし、米国はこの親米政権への対処でももたついた。

というのも、イエメンは「アラビア半島のアル＝カーイダ（ＡＱＡＰ）」の拠点で、かつ隣国サウジアラビアに反発する北部のシーア派反政府部族を抱えている。サーレハはそれらの勢力を弾圧、牽制する米国の「お抱え暴力装置」の役を担ってきた。サーレハを失えば、対テロ戦略の変更を余儀なくされる。

バハレーンでの反政府デモでも、米国は明確な意思表示ができなかった。この国では少数派のスンナ派王政が多数派のシーア派住民を長らく抑圧してきた。シーア派住民内部も多数派のアラブ系、少数派のイラン系の摩擦があり、必ずしも一枚岩ではない。しかし、ここに来てシーア派に対する差別抑圧体制を覆す民主化闘争が激化した。

しかし、地理的にイランの目と鼻の先にあるバハレーンには米軍第五艦隊の司令部があり、加えてこの国は米国が現体制を死守したいサウジアラビアの事実上の「衛星国」である。週末ともなれば、キング・ファハド・コーズウェイ（両国をつなぐ橋）を渡って、サウジ人たちがバハレーンの歓楽街に繰り出す関係だ。

王政打倒のドミノがバハレーンから他のサウジなど湾岸諸国に波及し、さらにシーア派主導の政権が樹立されれば、イラクでの失策に続いてシーア派大国のイランを利しかねない。それゆえ、王政側に立つサウジ軍を含めた湾岸協力会議（GCC）軍の軍事介入に対しても、米国はほぼ黙認する姿勢を取り続け、バハレーンの民主化を求めるシーア派住民の顰蹙《ひんしゅく》を買った。

リビアに対しても同様だ。叛乱派は米軍の速やかな介入を求めたが、軍事介入の急先鋒《きゅうせんぽう》であるフランス軍とは対照的に米国は当初、躊躇《ちゅうちょ》した。イラク、アフガニスタンでの泥沼から足を抜こうとしている矢先に、新たな戦線を抱えたくないというのが最大の理由だろう。だが、理由はそれだけではない。

ここ数年、かつては「反米の狂犬」と呼ばれたカダフィーも、二〇〇三年のイラク戦争を目の当たりにして脅え、大量破壊兵器の開発計画を放棄した。リビアの情報機関が関与した一九八八年の米パンナム機爆破事件については、犠牲者遺族への補償金の支払いを始めた。米国は二〇〇六年に対リビア関係を正常化し、同国への「テロ支援国家」指定も外した。

アル＝カーイダ系のイスラーム急進派組織「リビアのイスラーム闘争集団」への弾圧という共通の目的もあり、リビアは米国の軍門に下ってきた。その「いい子になった」カダフィーを全力で叩けば、他の親米為政者たちの米国への不信を掻《か》き立てかねない。そうした反発を避けようという配慮が見え隠れした。

しかし、そうしたお家の事情があるにせよ、一連の対応は民主主義を世界に説教しつつ、実相は独裁政権が親米である限り、その政権を支えるという米国の御都合主義、二重基準をあからさまにするものでしかない。アラブ民衆は「いまさら」と思いつつも、一段と対米不信を深めていった。

米国覇権の論理を支える三つの動機

米国の「民主化」は、かねてから構造的なジレンマを抱えている。米国の覇権の論理は大きく三つの動機に支えられている。石油などの経済権益の確保、建国の理念であるアングロサクソン優位主義に基づくユダヤ・キリスト教文明の「伝道師」としての役割、覇権を正当化する民主主義というお題目の拡大である。

経済権益の確保は説明するまでもないが、文明の「伝道師」役は、最近では十字軍を自任したジョージ・W・ブッシュが典型で、民主主義は「民主主義の欠如がテロの温床となる」という対テロ戦争の理屈に使われてきた。

問題はこれらの要素の優先順位だ。一般には経済権益の確保が第一と思われがちだが、宗教的要因でサウジアラビアとの摩擦を招いた二〇〇〇年代のブッシュ政権のように、建国理念を優先するケースもある。ただ、多くのケースではこの両者は矛盾しない。最も影が薄いのはオブラートである民主主義の拡大だ。

イスラエルとの紐帯

中東政策においては、これら三本の柱にイスラエルの後見役を担うという蹉跌《さてつ》が加わる。米国においてイスラエルに批判的な政治的立場をとれば、ユダヤ・ロビーや宗教右派団体の圧力によって政界では生き残れない。これは外交の論理というより、内政上の制約といえる。

ちなみに米国とイスラエルの一蓮托生的な紐帯ができあがったのは、第三次中東戦争後の一九六〇年代末以降のことだ。

イスラエル建国（一九四八年）当時の米大統領ハリー・トルーマンはイスラエル国家の承認と資金援助にこそ応じたが、建国をめぐる第一次中東戦争では武器供与を拒否した。アラブ側からもたらされる石油権益に配慮した結果だった。一九五六年のエジプトのスエズ運河国有化宣言に端を発した第二次中東戦争（スエズ戦争）でも、時の大統領ドワイト・アイゼンハワーはエジプトに侵攻した英、仏、イスラエルに停戦圧力をかけている。

しかし、一九六七年の第三次中東戦争で、イスラエルはソ連の援助を受けていたエジプト、シリア両国に圧勝。フランスがイスラエルへの武器供与を停止し、英国も一九七一年にスエズ運河以東から軍事的に撤退したこともあって、冷戦下での対ソ戦略上、米国はその空白を埋めるべく、イスラエルに肩入れしていった。

八〇年代に入ると、米国イスラエル公共問題委員会（ＡＩＰＡＣ）などユダヤ系圧力団体が力をつけ、その巨額献金が大統領選、上下議会選の結果を左右し、アカデミズムやメディアにも影響力を行使していった。

加えて、このころから米国人口の約四割を占めるキリスト教福音主義派（エバンジェリカルズ）が政治的に目覚める。「（パレスチナの地は）神がイスラエルに与えたもの」という聖書の一節をかたくなに信じる彼らは、ユダヤ・ロビーをしのぐ最大の親イスラエル勢力として成長していった。この段階で、もはや親イスラエルという政治的スタンスは個々の政治家の主義主張というより、米政界で活動することの前提条件に変質していた。

国連安全保障理事会決議（２４２号など）に反するイスラエルによるパレスチナ占領地での入植活動について、国連の場では数多くの非難決議案が提出されてきたが、米国は常にそれらを拒否権の行使によって葬ってきた。同じく安保理決議に抵触したイラクに対する仮借なき対応と比べれば、ここでも米国の二重基準は明らかだった。その姿勢がアラブ民衆の怨嗟《えんさ》を呼び、イスラーム急進派の反米武装闘争の根拠にもなった。

こうした二重基準の副作用は米国の政権内でも一定は認識されているのだろうが、それに反対すれば、議員であることすら許されないという現実から、彼らは目をつぶっている。それは「イスラーム世界との融和」を掲げているオバマとて、例外ではない。

国連安保理決議では、東エルサレム（アラブ＝パレスチナ側）はイスラエルが第三次中東戦争以来、不法に占領していると規定している。しかし、オバマは大統領選直前の二〇〇八年六月のＡＩＰＡＣ総会で「エルサレムは永遠かつ（東西）不可分のイスラエルの首都」と、イスラエル側の主張そのままに演説した。

米国による出口なき中東民主化支援

つまり、米国の民主化なるものには「あくまで親米、親イスラエルの範囲内」という暗黙の制約が課せられている。「民主的に反イスラエルを選択する」ことは許されないのだ。しかし、実際にアラブ諸国の民主化を支援した場合、米国はたびたびこの制約を超えてしまうという現実に直面させられた。その経験則は次のような一つの法則にまとめられる。

「アラブ世界では、非宗教的な独裁体制下で政治の自由化（民主化）を図ると、草の根活動などで力を蓄えたイスラーム主義勢力が躍進し、そうした勢力は反米、反イスラエル路線へと突き進みかねない危険を持っている」

この法則は、二〇〇〇年代にエジプトやパレスチナで経験した教訓である。米国としては当時、「中東民主化」を大義名分に掲げて開戦したイラク戦争を正当化するためにも、イラク以外での民主化にも乗り出さざるをえなかった。

具体的にみてみよう。エジプトでは二〇〇四年、一部の知識人や野党勢力が結成した「変革のためのエジプト運動（キファーヤ）」が注目を浴びた。キファーヤとは「もう十分（うんざり）」という意味で、ムバーラクの長期政権を揶揄している。

ナセリスト系野党紙『アル＝アラビー』の編集者、アブドゥルハリーム・キンディールらを中心にリベラリストからムスリム同胞団系の知識人まで集めた連合体で、同年十二月の最高裁判所前（カイロ・ダウンタウン地区）での反ムバーラク集会を皮切りに、その後も数千人規模のデモを展開した。

これに先立ち、二〇〇〇年にはカイロ・アメリカン大学教授だったサアドディーン・イブラヒームたちが「ゴムロキーヤ（共和制のジョムホリーヤと王政のマラキーヤを合わせた造語。ムバーラク体制を意味する）」反対運動を提唱している。イブラヒームはすでに紹介したように、親欧米型のイスラーム潮流「クルアニイーン」の中心人物である。キファーヤもゴムロキーヤと同様に、基本的に欧米寄りだった。

ムバーラクはこれらの運動の背後にいる米国の意思を忖度《そんたく》した。二〇〇五年の大統領選では初の複数候補制を導入、人民議会選挙も比較的公正に実施された。その結果、議会選では前述したようにムスリム同胞団系が改選前の約五倍の議席を獲得した。

このイスラーム主義勢力の跳躍に米国は危機感を深めたのだろう。民主化の方針は転換された。ムバーラクが世襲体制を整えるべく企てた二〇〇七年の改憲を看過し、二〇〇六年から〇七年にかけて約千人が逮捕された同胞団への大弾圧にも見て見ぬふりを決め込んだ。明らかに民主化支援を鞘《さや》に納めたのである。

パレスチナ自治区では二〇〇六年一月、自治評議会選が実施された。折からの民主化ムードと常勝与党ファタハに対する腐敗批判で、ハマースが下馬評を覆し、第一党になってしまった。ハマース自身も予期せぬ結果だった。

しかし、米国はイスラエルの仇敵《きゅうてき》で、自らもテロ団体と規定しているハマースによる自治政府を認めることができない。民主的な選挙によるハマース勝利という結果を無視し、なし崩し的にヨルダン川西岸の自治政府を牛耳るファタハを従来通り、パレスチナの代表とみなした。

もっとも、こうしたエジプトやパレスチナのケースには先例があり、米国が単に不勉強だったともいえる。先例とは、一九九一年のアルジェリアの暗転だ。

アルジェリアでは同年十二月、食糧暴動後の複数政党制による初の総選挙で、イスラーム主義政党「イスラーム救国戦線（FIS）」が第一回投票で八十二％の票を獲得した。これに危機感を抱いた世俗主義の軍部は、翌年初めの第二回投票を前に非常事態令を発令し、FISを非合法化。欧州諸国もこれを支持したことで、アルジェリアの民主化は頓挫《とんざ》し、その後、十万人以上の犠牲者を伴った内戦へとなだれ込んでいった。

民主化の封殺は武装闘争を喚起する。このアルジェリアの一件が、九〇年代に中東で吹き荒れたイスラーム急進派による武装闘争、その後のアル＝カーイダの誕生へと連なっていったのである。「テロとの戦い」の原因は欧米諸国自身が種をまいたといってよい。

米国の中東民主化はこうして出口のない迷路に引き込まれた。一方、サッダームを打倒し、民主化へ進むはずだったイラクでも隘路《あいろ》が待っていた。各政治勢力入り乱れての事実上の内戦である。

アラブ版「カラー革命」説

二〇〇三年三月の開戦からわずか約四十日でサッダーム政権を倒し、民主化を仕切ろうとしていた米国も、二〇〇五年夏ごろからは各派の権力争いの道具とされていく。ある集団は米軍を別の集団からの攻撃の盾とし、その別の集団は米軍の出口戦略の模索を自派の勝利と喧伝し、民衆からの求心力を増そうとした。米軍はイラク各派のコマとして引き回され、米国の兵士たちはその屍《しかばね》を重ねるばかりだった。

民主化支援が反イスラエルのイスラーム主義勢力を鼓舞してしまい、独裁政権を暴力的に転覆しても、その後に民主化が進展する保証はない。そうであるなら、いまある親米独裁政権と共存するしかないのではないか。それが結論だった。「一月二十五日革命」をめぐる米国の動揺もこの延長線上にあった。

ところで、今回の革命の波を米国の謀略ととらえる見方がある。アラブ版「カラー革命」説である。カラー革命とは二〇〇〇年代前半から半ばにかけて、二〇〇三年のグルジアでのバラ革命、二〇〇四年のウクライナのオレンジ革命などに代表される中欧、東欧、中央アジアで起きた大衆の街頭行動による一連の政変である。

背後には、ハンガリー系米国人の投資家で哲学者でもあるジョージ・ソロスや全米民主主義基金（NED）などの財団、米国務省の働きかけや資金援助があった。アラブの一連の叛乱も彼らが背後で糸を引いているという見方が、アラブ版「カラー革命」説だ。

米国がアラブ諸国の内政に水面下で介入する事例は過去にもあった。代表例は、親ソ・アラブ民族主義のナーセルを牽制するため、米中央情報局が一九五〇〜六〇年代に工作した親米王政諸国に近いムスリム同胞団への援助である。

「一月二十五日革命」については、米国内で超党派の支援を受ける財団フリーダムハウスやNEDがここ数年、エジプトの若い民主化活動家、特にネットのブロガーらを米国へ研修生として招いていたことが、米国謀略説の根拠になっている。報道によれば、研修でブロガーたちはネットを利用した民主化戦術を学び、歴代の国務長官ら要人とも会見したと

「オトポール！」（左）と「四月六日の青年たち」運動（右）のマーク

いう。

二〇〇〇年に大統領スロボダン・ミロシェヴィッチを退陣させ、カラー革命の原型をつくったといわれる旧ユーゴスラビアの青年運動「オトポール（抵抗）！」も、ＮＥＤから援助を受けていた。「オトポール！」は現在、「非暴力行動戦略応用センター（ＣＡＮＶＡＳ）」に衣替えしているが、エジプトの「四月六日の青年たち」運動の中心メンバーらは二〇〇九年、ここを訪ねていた。「オトポール！」の握りこぶしのマークは、「四月六日の青年たち」運動のそれと瓜二つである。謀略論を荒唐《こうとう》無稽《むけい》と一蹴できないだけの状況証拠はそろっていた。

しかし、政府レベルでコミットしたカラー革命のように、米国が「一月二十五日革命」を画策したという見方はやはり深読みし過ぎだろう。最大の理由は、ムバーラク政権の崩壊を中東世界で最も案じていたのが、イスラエルとサウジアラビアだったからである。

イスラエルはガザ地区のハマース対策で、エジプトの協力が不可欠だった。それゆえ、ムバーラクの退陣は自国の安全保障に直結しかねない懸念だった。サウジアラビアにとってもデモの拡大は悪夢だった。なぜなら、いつ自国に飛び火するとも限らないからだ。

サウジアラビアは叛乱の渦中、ムバーラク支持を鮮明にしていた。イスラエルも公には沈黙しつつ、ムバーラク政権の安定を期待した。そして、このサウジアラビアとイスラエルは米国が中東で最も紐帯を重んじている国々だった。

オバマにはイスラエル本国に忠実な米国内のユダヤ・ロビーの反対を押し切ってまで、エジプトの民主化をごり押しする理由などなかった。ブッシュ前政権のイスラーム敵視政策でひびが入った後、ようやく修復しかけたサウジとの関係を再び悪化させるという愚行も避けねばならなかった。つまり、米国がエジプトで革命を画策する必然性はなかったといえる。

読みを外した米国

「一月二十五日革命」に戸惑う米国の姿は、世界帝国としてふさわしくなく映っていたかもしれない。しかし、少なくとも一九七九年のイラン革命以来、約三十年間の米国の中東戦略は、戦略と呼ぶにはあまりに場当たり的でお粗末である。

一九七九年十一月の在イラン米大使館占拠事件で、米国はイランと断交した。ところが、八〇年代に入り、レバノンでシーア派抵抗勢力に米国人たちが誘拐されるや、米国はこれらの人質解放のために、水面下でレバノンのシーア派抵抗勢力に影響力を持つイランに対して武器供与で接近しようとした（一九八六年に発覚したイラン・コントラ事件）。

アル＝カーイダにしても、その前身は八〇年代のソ連のアフガン侵攻と闘ったビン＝ラーディンらアラブ義勇兵たちだ。彼らを米国は積極的に訓練、支援した。アフガン義勇兵の育ての親であるパキスタンの三軍統合情報部元長官のハミード・グルはかつて筆者に「九三年冬のある会合には米国の役人たちも同席していたが、彼らはそこにいたビン＝ラーディンにひたすら賛辞を贈っていた」と証言している。しかし、米国はソ連の撤退後、義勇兵たちを使い捨てにし、逆に標的にされた。いずれのケースにも戦略的な一貫性はない。

イランはもとより、イラクも一九九〇年の湾岸危機によって、米国の頭痛の種になった。ペルシャ湾を挟むこの両地域大国に対し、米国は九〇年代は双方同時に重い経済制裁を科す「二重封じ込め政策」をとったが、失敗した。二〇〇〇年代は逆に双方に軍事的な圧力をかける「二重破壊」をもくろんだ。しかし、その結果は米国の敵失によってイランの一人勝ちに終わった。

パレスチナ・イスラエル和平は行き詰まり、長く親米国だったトルコではイスラーム主義の「公正発展党（AKP）」が政権を握り、中東の隣ではアフガニスタンの親米傀儡《かいらい》政権がターリバーンの復活によって、米国と距離を置き始めた。何ひとつうまくいかず、後退に次ぐ後退というのが実状だ。エジプトでの叛乱について読みを外したことも、こうした一連の流れをみれば、驚くに値しない。

革命後の明らかな変化

今回の「一月二十五日革命」によって「アラブ諸国で民主化が進むと、イスラーム主義が蔓延する」という旧来の方程式はとりあえず崩れた。それは革命の渦中、つまずきっぱなしだった米国にとっては数少ない朗報だったかもしれない。

欧米寄りのデモの中心メンバーたちがその後、「反米」に転じたという話もない。しかし、それはデモ参加者たちの多数が欧米寄りであることを意味しない。デモ参加者の一人である電気工のファハミー・ダシーシュ（三十一歳）は大統領候補の一人として名が挙がったエルバラダイは嫌いだと言い、その理由をこう語った。

「だって、あいつはアムリーキー（米国人）だろう」

背景には親米的だった「キファーヤ」がエルバラダイを支持していたという経緯がある。「米国人」という表現は米国のシンパという程度の意味だが、周りの野次馬たちもこの感想にうなずいた。

一見、革命後も米国離れを起こしていないエジプトだが、ムバーラク時代に比べれば、明らかな変化が生まれている。

ムバーラク政権崩壊から約十日後の二月二十二日、一九七九年の断交以来初めて、イラン艦艇二隻がスエズ運河を通ってシリアに向かった。イスラエルは猛反発したが、エジプトはそれを承認した。四月中旬にエジプトとイランは互いに大使を駐在させる協議を進めていると報じられた。ムバーラク時代にはありえなかったことだ。

ムバーラクはイスラエルの要望に応え、ハマースが自治政府を担うガザ地区との国境線に地下二十メートルまで鉄板を埋め込んだ。イスラエルの兵糧攻めに対し、パレスチナ人たちは物資搬入用にエジプトへ抜けるトンネルを掘っていた。鉄板の埋め込みは、それを妨害する措置だ。しかし、革命後、エジプト軍政はガザのハマース幹部らがカイロ空港経由で、シリアに渡ることを許可した。さらに五月二十八日には、エジプトとガザ間のラファ検問所が四年ぶりに金曜日を除いて常時開放された。

スレイマーンの後任の総合情報庁長官ムラード・マワーフィーはシリアを極秘訪問し、安全保障面などで意見を交換した。それと同時にレバノンのヒズブッラーに対する従来の非難もすっかり影を潜めている。親米一辺倒だったエジプトの外交路線は地域内での全方位型に変わりつつある。これがイスラエルの安全保障政策に与えるインパクトは極めて大きい。

米国外しの兆し

米国のアラブ世界での存在感は明らかに衰えている。ムバーラクを喪失することになった「一月二十五日革命」はその傾向を加速させた。

二月十八日、国連安保理に提出されたイスラエルの入植活動に対する非難決議案は、採決で十五カ国中、十四カ国が賛成した。しかし、またしても米国の拒否権で葬られた。その後、三月二十六日付のイスラエル紙『ハーレッツ』(電子版)によれば、英、仏、ドイツの欧州三カ国は米国主導のパレスチナ・イスラエル和平交渉に見切りをつけ、国連とEUが主導する紛争解決の最終合意案を探り始めたという。

オバマは五月十九日、国連安保理決議242号と同内容の要望をイスラエルに求めたが、イスラエルが抗うや、すぐに腰が引けた。米国の狙いは国連を舞台にしたパレスチナ国家承認の動きについて、異なる選択肢を示すことで欧州諸国が賛成することを阻もうとした点にあるという観測が流れている。

いずれにせよ、中東政治という舞台でこれまでになかった「米国外し」の兆しがちらつき始めている。

第九章　不可視の船出

「いろいろ片づけなくてはならない」

カイロ中心部から空港までは、通常なら三十分ちょっとしかかからない。けれど、デモが続いていたころは二時間かかるか、三時間かかるか分からなかった。道路が封鎖されていたり、軍の交通規制がかかっていたためだ。

ムバーラク退陣から二日後の二月十三日午後、タクシーで空港に向かった。余裕を二時間ほどみた。ところが、予想に反して道はスムーズに流れていた。革命成就からまだ二日しかたっていないのに、だ。かかった時間は通常と変わらなかった。その素早い正常化の動きに逆に緊張を感じた。

この日、国の全権を掌握した軍最高評議会は、憲法の停止、立法権のない諮問評議会（シューラー）と人民議会の解散、現行の国際条約や協定の順守、改憲の国民投票とそれに基づく大統領選、議会選の実施などを発表した。

発表を報じるテレビニュースを空港の待合室で見た。テレビの前は黒山の人だかりだ。ひとつひとつの項目を読み上げるたびに拍手がわく。エジプト人のアナウンサーが「アラブの民衆が、民衆自らの手で民主主義の扉を開こうとしている」と興奮気味に語る。それが視聴者にも伝播してくる。

その輪の中に加わりながら、午前中にタハリール広場の戦車の横で立ち話をした軍の将校の言葉を思い出した。名前は聞けなかった。聞いても言えないだろうと思った。

「まずは片づけだ。いろいろ片づけなくてはならない。それからが大変だ」

市民との記念撮影に応じる下級兵士のような陽気さはなかった。片づけるのはデモで荒らされた瓦礫《がれき》だけではないのだろう、と推測させる口ぶりだった。

第一幕は終わった

二月十一日にムバーラクが退陣した。すぐに軍政が布かれた。その後、当初の計画を先延ばしし、九月に人民議会選挙、十一月までに大統領選が実施される段取り（二〇一一年三月末現在）になった。これまでの発表によれば、その後、新政府発足とともに軍政は民政に移管され、新憲法の起草と国民投票による承認が予定されている。

「タハリール共和国」の出現によって、革命の第一幕は終わった。すぐさま、二幕目が上がろうとしていた。今度の主人公は軍と民衆だ。なぜなら、ムバーラクは退陣したが、その出身母体である軍が依然、権力を握っている。権力関係や既存の支配体制は、革命後もまるまる温存されたままだからだ。

権力関係という観点に限ってみれば、第一幕は青年たちでも市民でもなく、軍の一人勝ちだったともいえる。

デモの渦中、「人民と軍は一つ」というスローガンが繰り返され、デモ隊も軍もお互いを称賛した。やや芝居がかってすらいた。その結果、権力関係は本質的には変わらず、それどころか、軍は自らの伝統的な権益構造を脅かしかねないガマールに代表される政府内の「新体制派」を切ることができた。

加えて、各種の国営企業や地方行政の長に天下り、実権を握っている軍OBたちの座は何ら脅かされていない。評判の悪いムバーラクとその取り巻きに腐敗の全責任を負わせ、民衆の不満のガス抜きを果たす一方、同じ穴のムジナである彼らの地位は保全された。

第一幕が残した宿題はそれだけではない。社会の階級構造にも変化はない。国営テレビ局近くのアブ・ル＝アラー通りのイスラーム寺院前に黒い粗末なアバーヤ（イスラーム圏の女性服）を着た老婆《ろうば》が座っていた。

おそらく、郊外から来ているのだろう。彼女はその路上で、革命成就の前日も、当日も、翌日も、何ごともなかったかのように野菜を売っていた。ザマーレク地区の自動車修理工場のひさしの下では毎晩、猫と一緒に一人の中年の男が眠っていた。泊まったホテルの掃除係の男にとっても革命などより、心づけの有無の確認がよほど重要そうだった。世界がどれだけ熱狂しようとも、彼らの今日は昨日とどこも違っていなかった。

革命とは無縁の膨大な民の存在

フェイスブックが持ち上げられた。エジプトでは十五歳から二十四歳までの八十四・九％は字が読める（二〇〇六年、国連調べ）。しかし、国民全体の非識字率はいまも三割を優に超える。非識字層の人々にとって、文字で伝達するフェイスブックは無用の長物だ。おそらく、今回の革命とも無縁だったろう。

その疑問をタハリール広場で野党活動家らしき一人の中年男性に話すと、「政府の愚民政策の結果だ」という一言で片づけた。釈然としなかった。

「ラクダの戦い」に登場したピラミッド周辺の悪徳ラクダ引きたちは、本気でデモ隊に怒っていたに違いない。この騒乱でメシの種となる外国人観光客は激減し、彼らは深刻に生活の危機を感じていたのだと思う。

そのタイミングでムバーラク支持派にカネを握らされ、「あいつら（デモ隊）をやっちまってくれ」と言われれば、おそらく迷う余地はなかっただろう。さしずめ、ごりごりのマルクス主義者なら「（ラクダ引きのような）ルンペン・プロレタリア階級、旧社会の最下層から出てくる消極的なこの腐敗物は、プロレタリア革命によって時には運動に投げこまれるが、その全生活状態から見れば、反動的策謀によろこんで買収されがちである」という『共産党宣言』（大内兵衛・向坂逸郎訳、岩波文庫）の有名なフレーズ一つで突き放すかもしれない。しかし、デモを牽引していた比較的裕福な青年たちに比べれば、本来、豊かとは言いがたい彼らこそが革命の恩恵を被るべき人々だった。

報道では「エジプト全土で騒乱」という言葉が乱れ飛んだ。しかし、この革命はカイロ、アレキサンドリア、スエズなど、あくまで都市部と工業地帯が主要な舞台だった。ところが、エジプト人の半分以上は農村部で暮らしている。そこでの騒乱は聞こえなかった。

世界史に刻まれる快挙ではあれ、その足元には革命と無縁な膨大な民がいたことは記憶にとどめておかねばならない。

手綱を絞り始めた軍

宿題はこの先の展望の乏しさや不安定さにもある。倫理という土台があるにせよ、現実政治という建屋は築かねばならない。

例えば、問題解決のシステムだ。ムバーラク退陣翌日の政府系紙『アル＝アハラーム』にはムハンマド・アフマドという知識人が論考を寄せていた。「もう一度（言う）……民主主義が解決だ」というタイトルで、あらゆるエジプト社会の差異や対立を乗り越える唯一の手段は民主主義だと強調していた。

ナチス・ドイツも民主的に生まれた……などという野暮はこの際、言うまい。ただ、その論考にはどんな民主主義か、という言及はなかった。

実は「どんな民主主義を望むのか」という問いをムバーラク退陣の前に、タハリール広場で何人かに聞いていた。地下鉄職員のカマール・ハーフェズ（三十二歳）は「シューラー（合議、評議会の意味）だ」と答えた。イスラームの預言者ムハンマドも推奨した政治慣習だ。しかし、それが欧米の民主主義と具体的にどう違うのかと突っ込むと、黙ってしまった。ほかの人々も似たり寄ったりで、民主主義はあくまでスローガンの域を出ていなかった。

軍は民政移管を約束した。しかし、果たして約束は守られるのか。担保される材料はなかなか思い当たらない。

むしろ、革命成就後もデモを続ける一部の青年たちに、軍は少しずつ手綱を絞っていった。二月二十五日以来、数回のデモで少なくとも百人以上が軍によって拘束され、軍事法廷に回された。三月下旬には「公共機関の機能を妨げるデモやストを禁じる」という法律が公布された。「公共機関の機能」などという言葉はどうとでも拡大解釈できる。四月十一日には、軍事法廷が、ブログで「軍は自らの権益のために革命を利用した」などと非難したマイケル・ナビールというブロガーに禁固三年の判決を下した。

叛逆は新たな抑圧を呼んでいる。知人である軍の下級将校は、軍人らしくいつも質問をはぐらかす人だが、この台詞だけは記憶に残っている。

「軍は国内外の脅威から、国民を守るアマヌ（安全）維持の任務を負っている」「国外」だけではなく、国内も例外ではないのだ。彼らはナーセルからの伝統を背負っている。軍の力を背景にしたナーセルの強引な政治手法には、立憲君主制下での政党政治が何ら建設的ではなかったという教訓が根底にある。「マダニー（文民）への移管」は、こうした伝統からも保証されているとは言いがたい。

民衆叛乱は悲劇に終わるという推測

若者の失業増など経済上の諸問題は、ムバーラクの退陣で好転するだろうか。

革命の翌朝、女友達とタハリール広場を訪れていたモナと名乗る二十四歳の女性は、「とてもうれしい。私が社会の一部になったように感じる。すべてが過去になり、すべてが新しい」とはしゃいでいた。

彼女も傍らの友人もヒジャーブを被ったごく庶民的な女性だが、カイロ大学を卒業後も定職が見つかっていないという。「でも、きっと暮らしはよくなる。たぶん、近いうちに職も見つかると思う」

客観的にみれば、それは楽観的すぎる。ムバーラク一家やその取り巻きという「盗賊」が消えたとしても、経済の回復や雇用の増加はまったく別次元の問題だ。社会格差を導いた新自由主義政策の変更すら、定かではない。公務員給与の引き上げと財政赤字の解消を同時に成しとげるといったごく当たり前の課題一つとっても難題だ。行き過ぎた市場原理主義にメスを入れるとしても、どの部分に、どの程度という線引きは容易ではない。

ムスリムと少数派コプト教徒の宗教対立も予断を許さない。タハリール広場では宗教対立を克服した「一つのエジプト人」という標語が高々と掲げられた。しかし、三月上旬にはカイロ南郊ヘルワーン県スール村の教会放火事件に端を発した抗争で、カイロでも両派が激突し、十三人が死亡した。

軍政当局は事件を「旧政権の残党がならず者たちを利用した策動」(サーミー・アナーン参謀総長)と非難し、アレキサンドリアなど各地では「宗派主義追放」を掲げたデモが行われ、ムスリム同胞団も対立の克服を声高に呼びかけた。

しかし、四月には元来、イスラーム急進派勢力の影響が強かったカイロ南部のケナ州で、コプト教徒の知事任命に憤ったムスリムの群集数千人が「コプト教徒はいらない。ケナはイスラームの土地だ」と叫び、激しい抗議行動を展開した。

ムバーラク支持派の挑発も続いていた。三月九日には、この一群がタハリール広場で改革の継続を掲げて集っていた人々に乱闘騒ぎをけしかけた。

こうしたあらゆるマイナス現象を理由に、一部ではこんな悲観論もささやかれ始めている。「一月二十五日革命」に火を付けた理想主義的なエリート層の青年たちも、やがて政治エリートとして軍主導の新体制に取り込まれ、後から来た膨大な市民や中下層の青年たちは切り捨てられていく——。民衆叛乱は悲劇に終わるという推測だ。

長い行列ができた投票所

しかし、そうした悲観論を覆すような革命の第二幕もまた、すでに始まっていた。

三月十九日には憲法改正の国民投票が実施された。この改憲案は年内に予定されている人民議会選や大統領選の地ならしで、二〇〇七年の改憲で廃止された司法の選挙監視を復活させ、一期六年で再選は無制限となっていた大統領任期を一期四年で任期は二回までに制限し、立候補資格も緩和しようという内容だった。

『アル＝アハラーム』紙は、投票日の模様をこう伝えている。ある投票所には四百メートルを超す長い行列ができた。投票所が遠く離れていたにもかかわらず、村落部の女性たちが遠路をいとわず、投票に歩いてきたという地方もあったという。いずれも、これまでにはない現象だった。

結果は投票率が四十一％で、そのうち七十七％が賛成して改憲は成立したが、これは従来の八十％以上が当たり前だった投票率がいかに操作され、誇張された数字だったのかを際立たせた。つまり、公正な投票が実施されたのだ。

三月上旬には、ムバーラクの暴力装置として君臨してきたアレキサンドリア、タンタ、マルサ・マトルーハなど各地の国家保安局に多数の群集が押し入った。ムバーラク政権下の職員らが、かつての調書や記録を証拠隠滅しようとしたからだ。この闘いは一部では銃撃戦にまで発展したが、青年、市民たちの圧力によって国家保安局は同月十五日までに廃止された。

ムバーラク退陣後の奪権闘争の開始

最も注目されるべきことは、ムバーラク退陣後も行政機関や職場で権力を手放さなかった守旧派たちから、その権力を奪う生産点での闘いが始まったことだ。こうした「奪権闘争」は、既成権力に代わる民衆の自治を構築する闘いともいえる。

『アル＝アハラーム』の編集現場でも、それは展開された。同紙は一八七五年創刊のアラブでも指折りの名門紙だが、ナーセル時代の編集長ヘイカルもそうであったように、歴代の編集長たちは時の為政者たちの宣伝役に徹してきた。

今回のデモでも、始まった翌日の同紙の一面トップはレバノン情勢だった。「ラクダの戦い」の翌朝は「ムバーラク支持の数百万人が街頭へ」と見出しをうたった。

ムバーラク退陣の前日、二月十日付にようやく編集長のウサーマ・サラーヤが自らの署名で「若者の革命によって、エジプトに変革の足音が迫っている」という論説を掲載した。さらに退陣後の二月十四日付では、同紙の論調が「これまで腐敗政権に偏っていたことを国民に謝罪する」という画期的な自己批判を載せた。

だが、編集局内ではサラーヤの責任を追及する声が噴出していた。汎アラブ紙『アル＝

クゥドス・アル＝アラビー』によれば、記者たちはサラーヤの退任要求と彼の法外な給与や資産に対する追及を宣言し、三月上旬には初めて記者たちの投票によって、新編集長にアブドゥルアズィーム・ハムードを選出した。

この選出の際、記者たちは編集長の資格として、これまで編集の独立性を守ってきたこと、政府高官や実業家などの顧問ではないことなどの条件も定めたという。職場の自主管理ともいうべき闘いはこうして勝利した。

独立系労組のデモへの参加は、ムバーラク退陣直前になって御用組合に決起を促すきっかけをつくった。しかし、本格的な労働運動の台頭はむしろ革命後に顕在化した。その勢いは、次第に国営企業や地方自治体のトップをＯＢたちで独占する軍との和解しがたい緊張を招きつつある。

ムバーラク退陣後も公共交通、繊維工場、病院労働者らは賃上げや職場幹部の更迭などを掲げてストを継続したが、軍最高評議会は二月十四日、「治安と経済への打撃」を理由に中止を要請した。さらに十八日には「違法行為の継続は許容しない」と事実上のスト禁止措置を発表した。

しかし、それでも労働者たちの抵抗は続き、三月二十二日には一万八千人の警察官がカイロの内務省前で集会を開催。解散を迫る治安部隊と衝突し、内務省の一部が炎上した。この騒ぎを受け、軍政は同月二十四日、ストやデモを禁じる法律を公布する。こうした軍部の姿勢に対し、同胞団が軍との協調を優先して闘いから脱落する傍ら、四月一日には久々にタハリール広場で改革の促進を訴える数万人規模の集会が開かれ、八日には各地でこれを上回る計数十万人が参加する集会とデモが展開された。

ムバーラク退陣までは「軍は民衆に銃口を向けない」が建前だった。しかし、この幻想は四月八日のデモで、ついにほころびを見せる。軍はこの日、デモ隊の一部に発砲し、参加者の二人が犠牲になった。

革命の推進のためには、権力の実体である軍との対峙が不可避だという現実が、青年、市民、労働者たちに突きつけられたのである。この時点で、革命はより本質的な色合いを帯びてきたといえる。

アラブ諸国の現状

一方、二〇一〇年暮れのチュニジアの叛乱からエジプトの「一月二十五日革命」を経て、叛乱の火の手はアラブ諸国の大半を席巻していった。ただ、この叛乱の中身は、各国によってまちまちであって一括りにはできない。

シリアでは五月上旬までに軍が民衆に発砲するなどして、八百人以上が犠牲になっている。一見、チュニジア、エジプトに様相が似ているものの、軍、治安当局と大統領との間に隙間はない。大統領のバッシャール・アル＝アサドが属する少数宗派のアラウィー派（イスラームの一派とみなすか否かでは議論がある）の大半と、ムスタファー・トラース元国防相など一部のスンナ派が、軍を含めた権力機構をほぼ独占しているためだ。アサド体制の打倒は容易ではないが、これまでシリアと友好的だったカタールやトルコに加え、同盟関係にあるイランの指導部からさえ批判の声が上がっている。

リビアやバハレーンでは為政者の打倒にとどまらず、一足飛びに現行の統治システムそのものを廃絶する闘いが繰り広げられている。

リビアではカダフィーが唱える「ジャマーヒリーヤ（理論的には直接民主制に近いとされるが、実態は独裁）」体制、バハレーンでは王政がそれぞれ標的とされている。そこに部族、宗派対立が重なる。

イエメンは南北イエメンの二カ国に割れていた時代の残滓《ざんし》（地域格差）に加え、シーア派（イランなどの十二イマーム派とは異なるザイード派）とスンナ派の宗派対立、部族対立、さらにスンナ派内部のイスラーム武闘派（アル＝カーイダ系）の台頭が絡んだ複雑な内戦状況を呈している。大統領のアリー・アブドゥッラー・サーレハが退陣しても、混乱は長く続くだろう。

湾岸諸国はおしなべて民主化が争点になっているが、サウジアラビアの場合は少数派として差別されてきたシーア派の動きが焦点として加わる。逆にこれまで大がかりな流血の舞台にたびたびなってきたレバノンやパレスチナは中央権力が弱いため、他国のような民衆叛乱の気配はほとんどうかがえない。

各国、地域での違いは、各々が直面している固有の問題にも表れている。例えば、リビアに対する欧米諸国の介入は悩ましい。介入そのものを帝国主義的侵略と批判するのはたやすい。しかし、そうした批判はともすれば、軍事力に勝るカダフィー派による叛乱派の虐殺を看過することにつながりかねない。これはイラク戦争を批判した人々が、サッダームの独裁を放置するのか否か、というもう一つの問いに現実的な回答を提示しきれなかったことと同類である。

イエメンにしても、反大統領派を旧南イエメンの大統領だったアリ・ナーセルらが支援している。かつてダマスカス郊外の大邸宅で、武器商人に身をやつしていたナーセルと食事をともにしたことがある。彼はカダフィーやシリアの先代大統領ハーフェズ・アル＝アサドといった独裁者たちとの仲睦まじそうな写真を見せ、独裁政治全盛の往時を懐かしんでいた。こうした人物が再び大手をふることは望ましいとはいえないだろう。

こうした各国での闘争や抱える問題の固有性は、それぞれの歴史的な環境、体制の差異から必然的に導かれたものだ。逆説的に言えば、異なった環境から生まれてくる闘いの違いに、イデオロギーではなく「眼前の不正義」を倒すというチュニジア、エジプトの叛乱に貫かれた精神の共有を見いだせるといってもよい。現象面で異なるからこそ、革命のグローバリゼーションが体現されているのだ。

革命直後のカイロ

叛逆の精神は潰えていない

世界を熱狂させたエジプトの「一月二十五日革命」。革命は忘れたころにやってきた。エジプトのタハリール広場で見た青年たちの歓喜と、周辺地区に漂っていた旧世代の重い沈黙。為政者の打倒という栄光と、失われゆく美徳への感傷が織りなす葛藤《かっとう》は、おそらく個々のエジプト人の内心にも起こっていたに違いない。

ムバーラク退陣の翌日、タハリール広場の近くでタクシーを拾った。初老の運転手に前日の感想を聞いてみた。彼はしばし沈黙した後、こう語った。

「どんなに頑丈なイスでも、三十年もすれば壊れるということだ」

革命は人を詩人にする。

二〇一〇年秋、新しい革命のグローバルな鼓動が聞こえ始めた。エジプトでは革命の第二幕が上がっている。退陣当日のデモは「挑戦の金曜日」と命名されていた。いまも挑戦は続く。青年たちの叛逆の精神は潰《つい》えていない。

タハリール広場で聞こえた革命の鼓動はアラブ世界を超えて、いつか私たちにも伝わってくるのだろうか。そのとき、私たちも詩人になれるのだろうか。

車窓から目を凝らした。タハリール広場の先はまだ土ぼこりに霞んでいた。

おわりに

革命という言葉に魅せられ、一九八六年の冬に事実上、戦時下にあったシリアを訪ねて以来、中東、イスラーム圏を四半世紀、うろちょろしてきた。出会ったあまたの人たちの中には革命に殉じた人もいれば、変節した人もいる。獄中で困難な闘いを継続している人たちもいる。筆者にとって中東は人生の教科書のようなものだった。

中東の事件を記録する作業はスリリングである。本書についても、校正中にウサーマ・ビン＝ラーディンが米軍の特殊部隊に殺された。ただ、あまり驚かなかった。本書にも記した通り、アル＝カーイダらトランスナショナル・ジハーディストたちの歴史的な役割は、二〇〇〇年代後半には終焉を迎えていたからだ。

詳細はいまだ不明だが、この事件についての筆者の感想は「絶妙なウィン・ウィンゲームだった」というだけのものである。ウサーマが邸宅を構えていたパキスタンのアボタバードは紛争地カシミールに通じるパキスタン軍の要衝であり、軍の情報機関がそこでウサーマの存在を知らずにいたなどというのは、下手なおとぎ話にもならない。

おそらくパキスタン軍の情報機関は米国に対し、アフガニスタンでのターリバーン政権再興の暗黙の承認と引き換えにウサーマを売り、米国はウサーマの殺害でようやくイラクに続いてアフガニスタンの泥沼から脱出する口実を得た。ターリバーンは隣国での事件ゆえにウサーマという「食客」への防衛義務を放棄したと責められることはないし、なによりも病身のウサーマはイスラームの地でジハードの殉教者として最高の栄誉を得ることができた。

事件後、国際法のうえで米軍の攻撃は許されないのではないかとか、これが米国の勝利と言えるのか、といった議論がかまびすしかった。しかし、ウサーマやアル＝カーイダが革命派であるという前提に立てば、それらはどうでもよい議論だろう。なぜなら、それらは近代国家の虚飾と力関係についてのおしゃべりにすぎないからである。革命派は国家という虚飾を剝ぎ取るべく存在している。

それゆえ、本質的な論点は国際社会の常識とは別に設定されねばならない。それはウサーマやその仲間を葬ったのは、エジプトの「一月二十五日革命」に代表されるアラブの叛乱ではなかったのかというテーマである。少なくとも、この非武装の叛乱はチュニジアやエジプトの為政者たちを打倒してしまった。それはアル＝カーイダに集ったアラブ義勇兵たちが果たせなかった夢であり、その瞬間、彼らの歴史的役割も潰えたといえる。

中東は革命的ロマンティシズムの最前線である。アル＝カーイダが台頭する以前の冷戦下においても、中東を根城に国家の廃絶を究極の目的とした戦士集団は存在していた。カルロス（イリイッチ・ラミレス・サンチェス）グループ、アブ・ニダール（サブリー・アル＝バンナー）率いるファタハ革命評議会、日本赤軍など国際社会からは「テロリスト」と非難され続けた革命的左翼の集団である。

しかし、いずれの組織も壊滅した。最大の原因は、彼らが国家から自由な「国際旅団」を名乗りつつも、実態は支援国家抜きには成立しえないという矛盾、脆弱さにあった。最終的にカルロスはスーダン、日本赤軍はレバノンに売られ（岡本公三氏のみ政治亡命を認定された）、アブ・ニダールはイラクの旧フセイン政権に消されてしまった。アル＝カーイダもまた、国境を超えたウンマ（イスラーム共同体）を存立の概念としつつも、国家間のゲームに搦め捕られてしまった。

二〇一〇年暮れからのアラブの叛乱は当事者たちにとっては無意識にせよ、そうした国家の論理を超えている。起動力は「人は何のために生命を与えられたのか」という単純かつ普遍的な問いである。その闘いは人としての尊厳やプライドの回復のためと言い換えてもよい。国家の論理という政治に抵抗する永遠の叛逆が闘争の本質であり、筆者はアナキズムを懐胎する革命のグローバリゼーションと解釈している。

だから、行き先はみえない。みえなくてもよい。どこまで続くのかは、それを担う人たちの内的な葛藤がどれだけ持続するかにかかっている。それは政治というより、もはや文学の領域である。それゆえ、この現象を政治の地平からのみ論じることはおそらく徒労にすぎないだろう。

蛇足かもしれないが、一つ付け加えるならば、その革命はグローバルな本質からアラブ世界の枠を越え、世界各地に伝播しつつある。萌芽形態にすぎないにせよ、日本における原発反対のデモのうねりにすら、その共振の欠片を見いだせるかもしれない。

エジプトの「一月二十五日革命」の数日間、カイロでは会う人誰もが至言を口にした。

中東という人生の教科書からまた、一つ教わった気がした。そして、民衆の叛逆はいまも続いている。

最後に今回、突然の来訪にもかかわらず、温かく迎え入れてくれたうえ、貴重な情報まで寄せてくれたエジプト人の友人たちになにより感謝したい。さらにこの拙い記録をまとめる機会を下さった集英社新書編集部の落合勝人さん、金井田亜希さんのご厚意にもあらためてお礼を申し上げたい。

カイロに着いた翌朝、まだ夜も明けきらないころ、ファジュル（早朝）の礼拝を報《しら》せるアザーンの朗唱に起こされた。懐かしい抑揚だった。故郷に帰ってきたような安らぎを感じた。

二〇一一年五月

田原　牧

主な参考文献

中東調査会編『イスラム・パワー』第三書館、一九八四年
森孝一、村田晃嗣編著『アメリカのグローバル戦略とイスラーム世界』明石書店、二〇〇九年
山口健二『アナルコ・コミュニズムの歴史的検証』北冬書房、二〇〇三年
田原拓治『イスラーム最前線』河出書房新社、二〇〇二年
「総特集・アラブ革命」『現代思想』二〇一一年四月臨時増刊号
田原牧「『空っぽな世界』と68年革命」『情況』二〇〇七年九・十月号
田原牧「パレスチナ『内ゲバ』の深層」『季刊　軍縮地球市民』二〇〇七年春号、明治大学軍縮平和研究所
「特集・転機のエジプト」『季刊アラブ』二〇一〇年冬号、日本アラブ協会
「特集・独裁者追放のうねり」『季刊アラブ』二〇一一年春号、日本アラブ協会
al-Banna, *Majmua Rasail al-Imam al-Shahid Hasan al-Banna*, Cairo, 1992.

このほか、アラビア語と英語の文献、同じく新聞各紙や雑誌（電子版を含む）などの記事を参照した。

写真105、107、114、122、140、245頁／著者撮影
図版製作／クリエイティブメッセンジャー

田原 牧（たはら まき）

一九六二年生まれ。東京新聞（中日新聞東京本社）特報部デスク。九一年に湾岸戦争、九四年にルワンダ内戦・難民問題を取材する。九五年からカイロ・アメリカン大学に留学し、二〇〇〇年までカイロ特派員。同志社大学一神教学際研究センター（CISMOR）共同研究員、季刊『アラブ』（日本アラブ協会）編集委員。著書に『イスラーム最前線』（河出書房新社）、『ネオコンとは何か』（世界書院）、『ほっとけよ。』（ユビキタ・スタジオ）など。

中東《ちゅうとう》民衆《みんしゅう》革命《かくめい》の真実《しんじつ》

集英社新書〇六〇一A

二〇一一年七月二〇日　第一刷発行

著者……田原《たはら》　牧《まき》

発行者……館　孝太郎

発行所……株式会社集英社

東京都千代田区一ツ橋二-五-一〇　郵便番号一〇一-八〇五〇

電話　〇三-三二三〇-六三九一（編集部）

〇三-三二三〇-六三九三（販売部）

〇三-三二三〇-六〇八〇（読者係）

装幀……原　研哉

印刷所……凸版印刷株式会社

製本所……ナショナル製本協同組合

定価はカバーに表示してあります。

ISBN 978-4-08-720601-2 C0231

Printed in Japan